Prima Vista 2a

Susanna Király

Kustantaja: BoD - Books on Demand, Helsinki, Suomi
Valmistaja: BoD - Books on Demand, Norderstedt, Saksa
ISBN: 978-952-498-196-5

Sisällysluettelo 2a

Sisällysluettelo 2a

Oktaavialat

2a

Duuriasteikot

2a

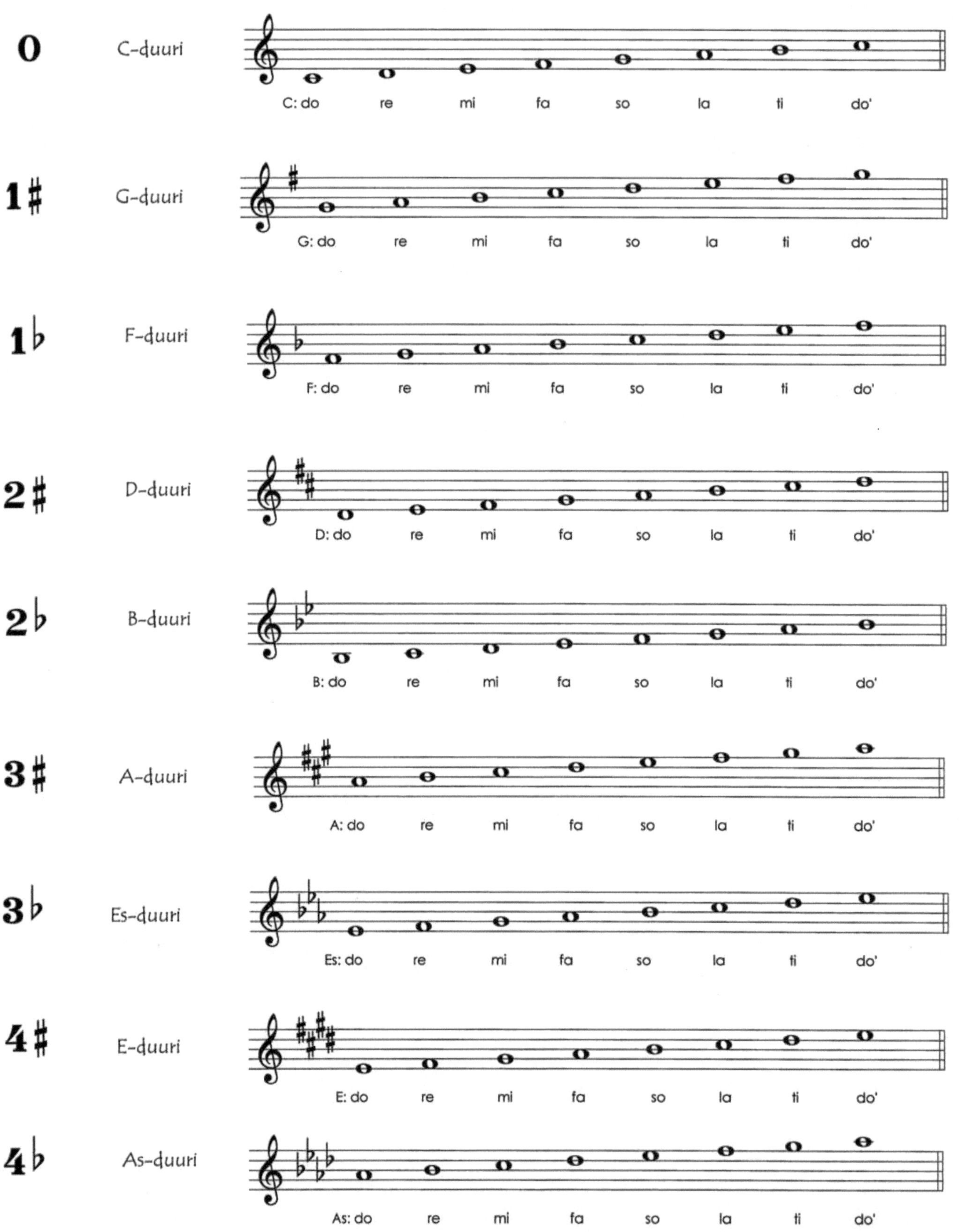

Luonnolliset molliasteikot

2a

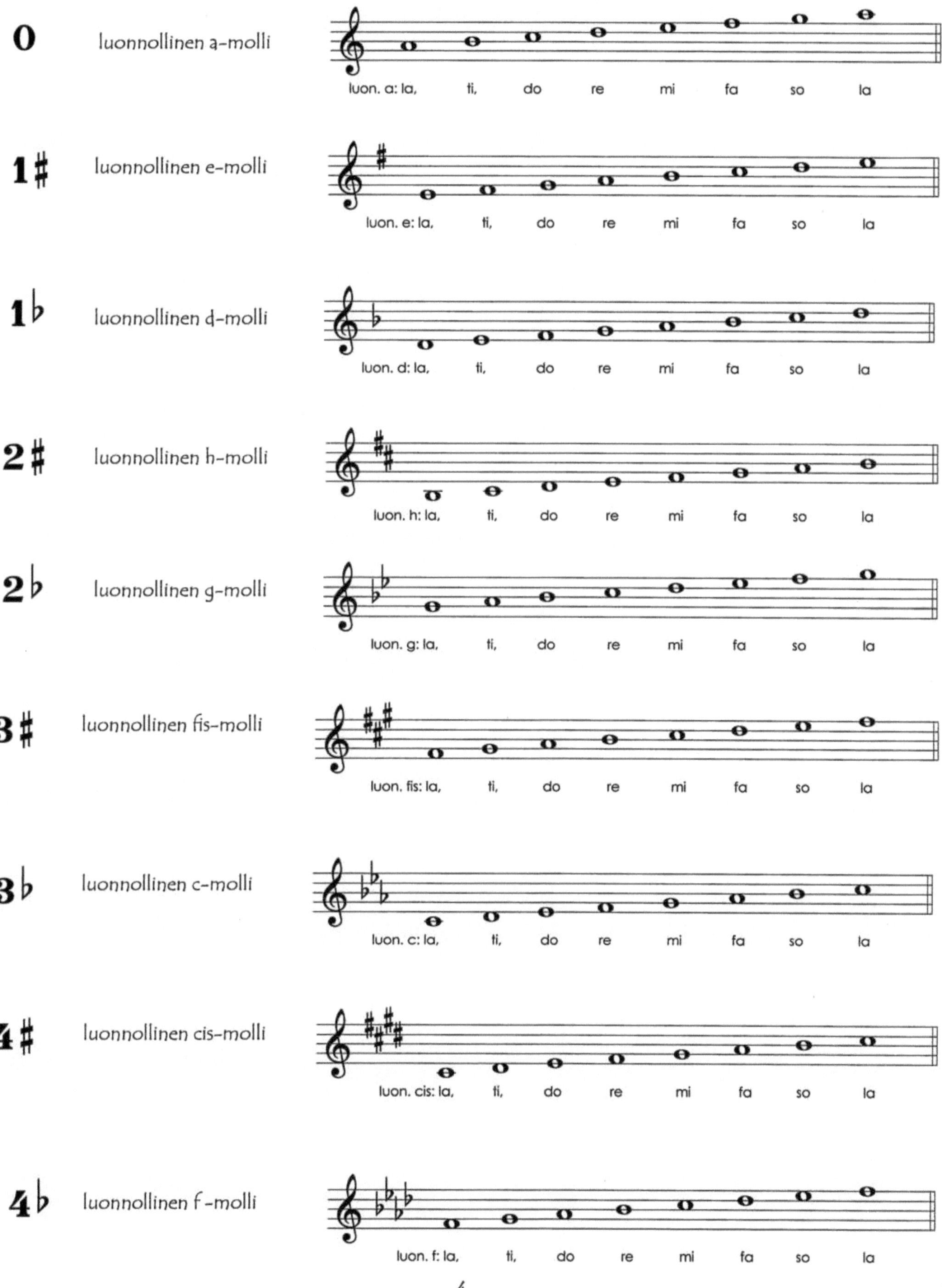

Harmoniset molliasteikot

2a

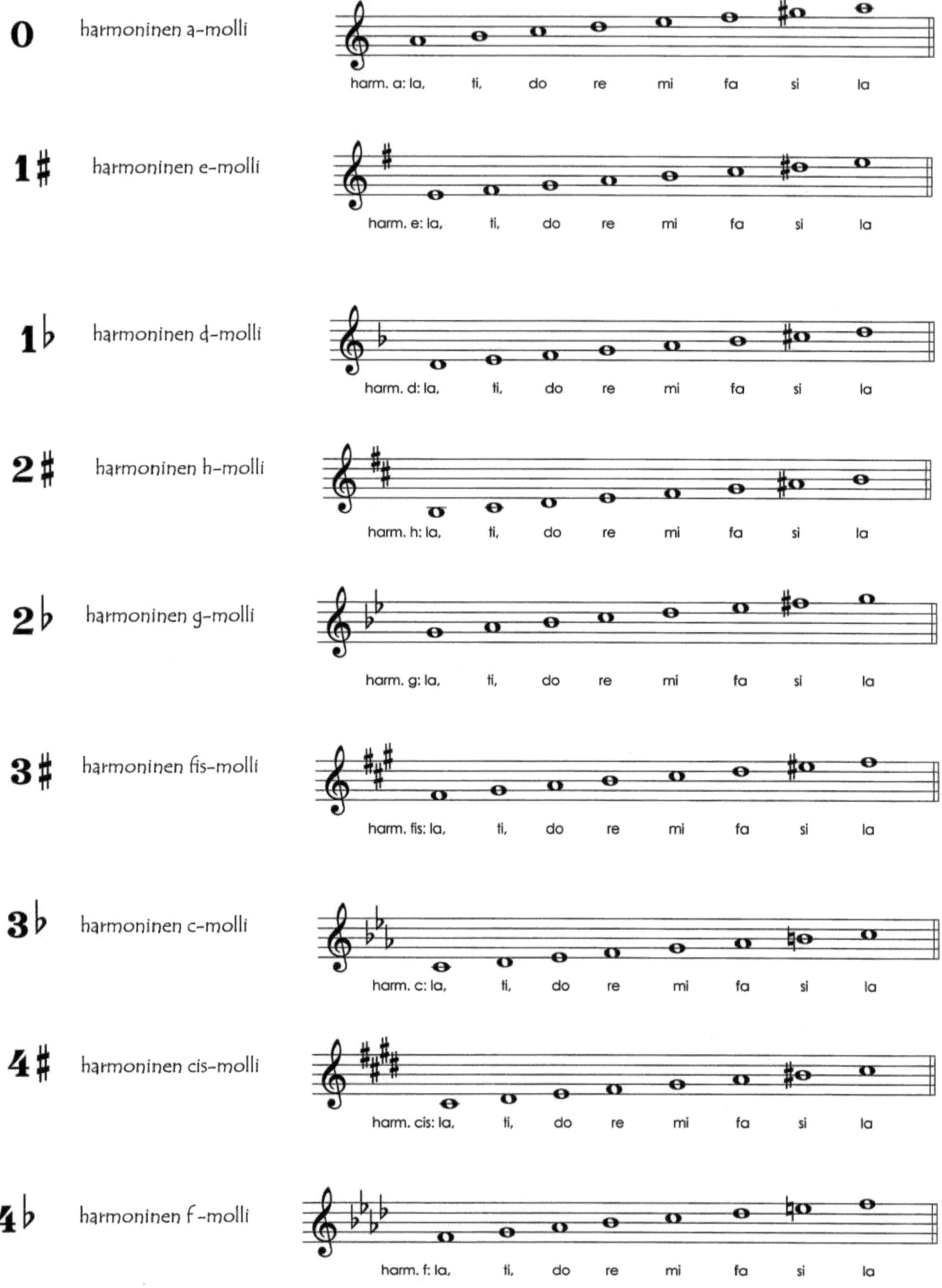

Melodiset molliasteikot

2a

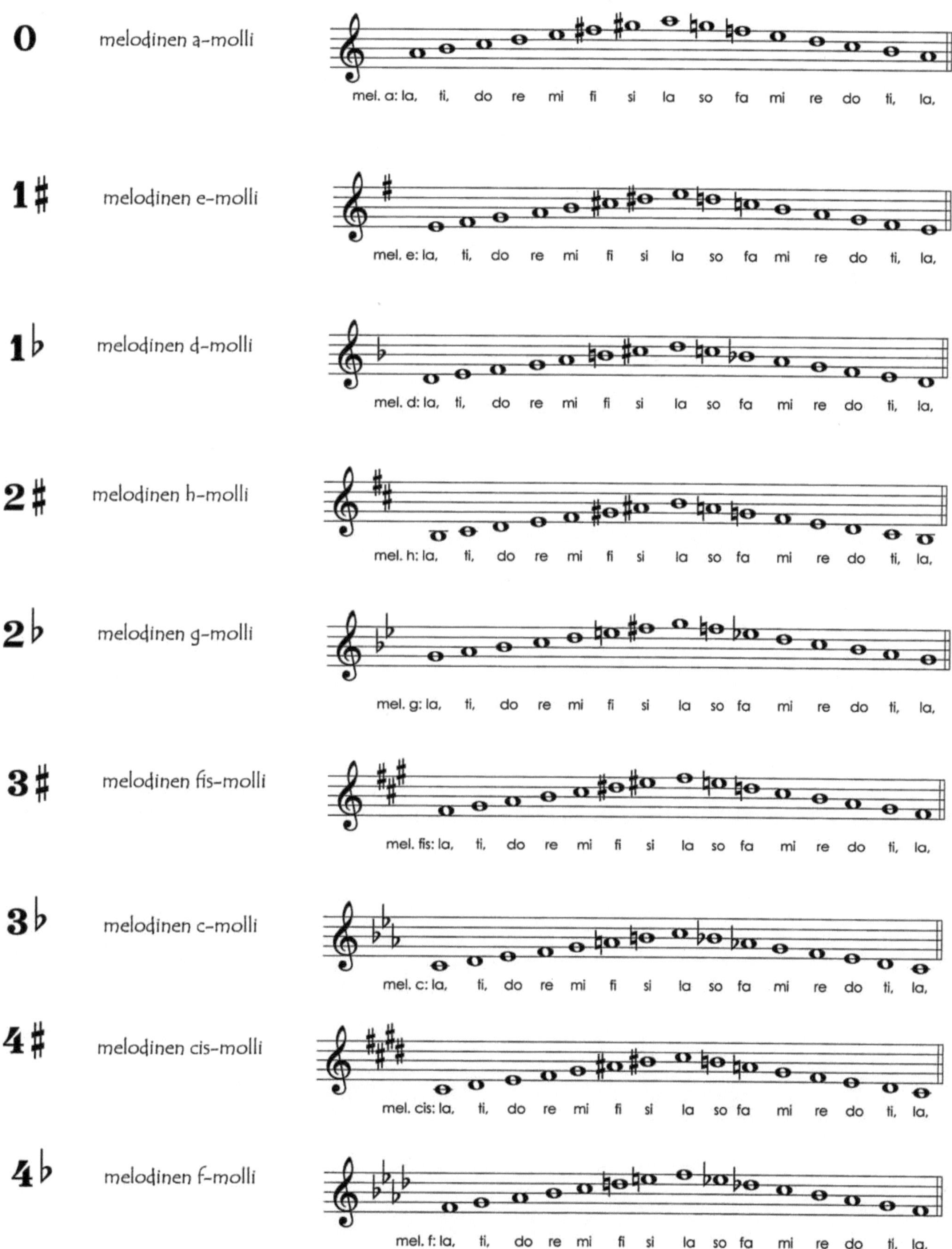

2a

do do | do re | do mi | do fa | do so | do la | do ti | do do'
priimi | sekunti | terssi | kvartti | kvintti | seksti | septimi | oktaavi
1 | s2 | s3 | 4 | 5 | s6 | s7 | 8

p2 | p3 | p6 | p7

p2 | p3 | p6 | p7

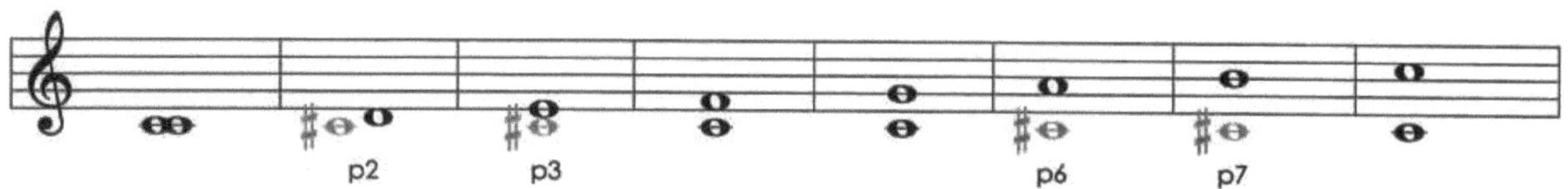

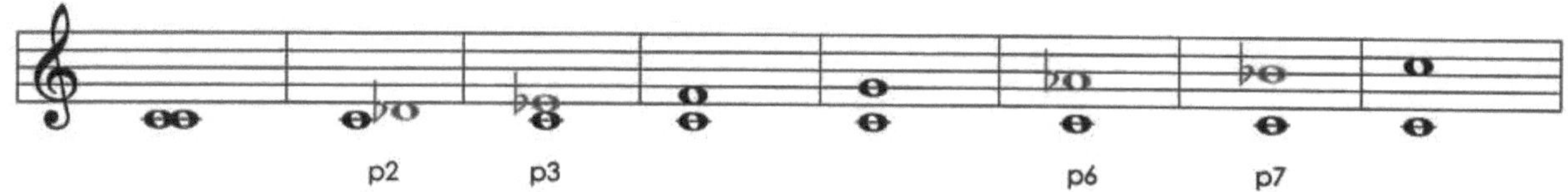

Soinnut

2a

DUURI
C
kvintti
terssi
pohjasävel
p 3
s 3
so
mi
do

MOLLI
Cm
s 3
p 3
mi
do
la,

VÄHENNETTY
Cdim
p 3
p 3
fa
re
ti,
YLINOUSEVA
C+
s 3
s 3
si
mi
do

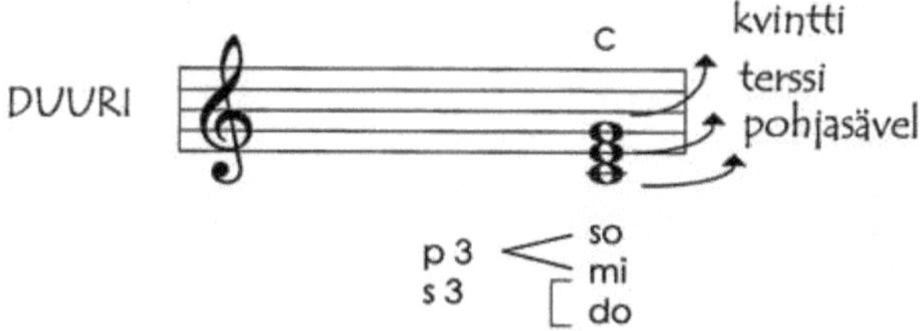

Asteet ja reaalisointumerkit duurissa

2a

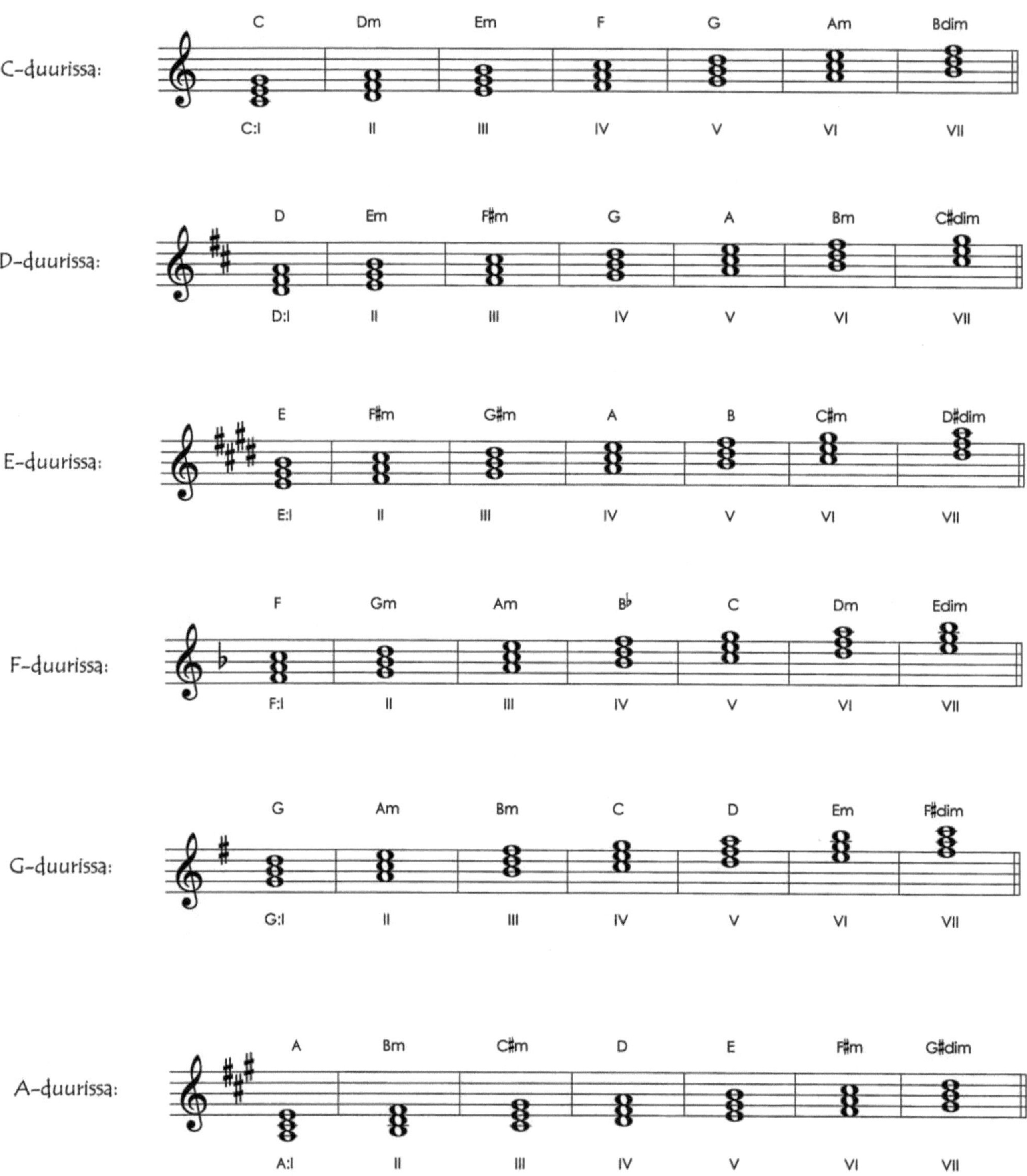

Asteet ja reaalisointumerkit mollissa

2a

a-harmonisessa mollissa:

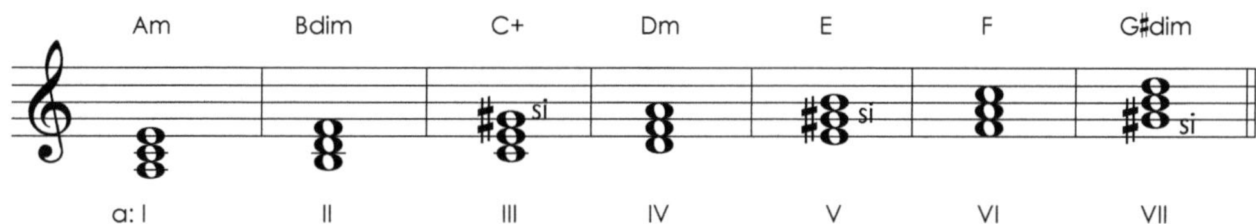

h-harmonisessa mollissa:

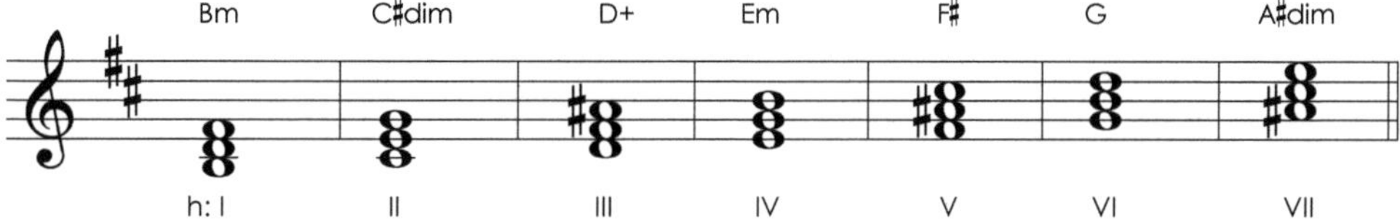

cis-harmonisessa mollissa:

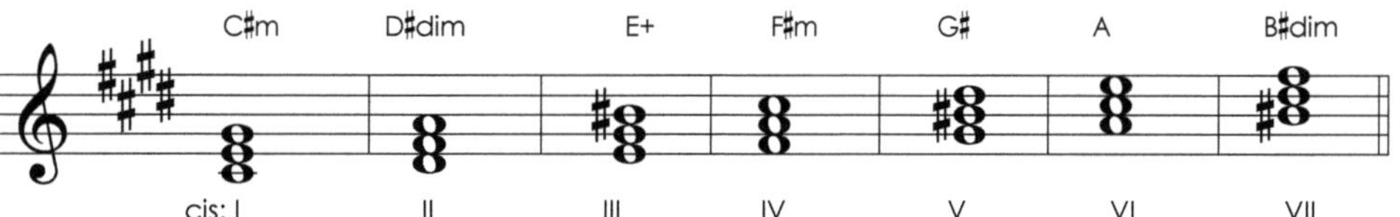

d-harmonisessa mollissa:

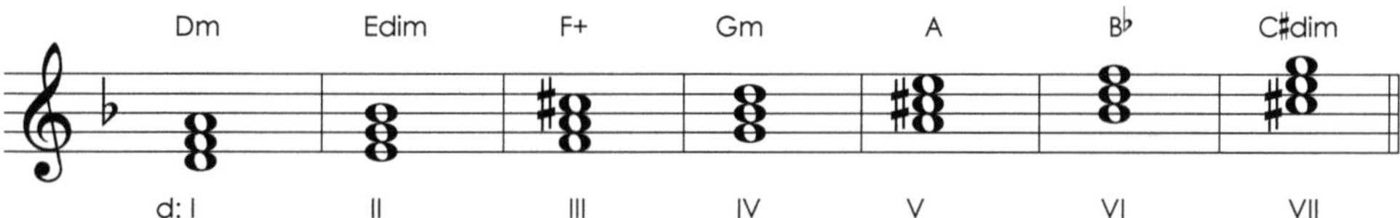

e-harmonisessa mollissa:

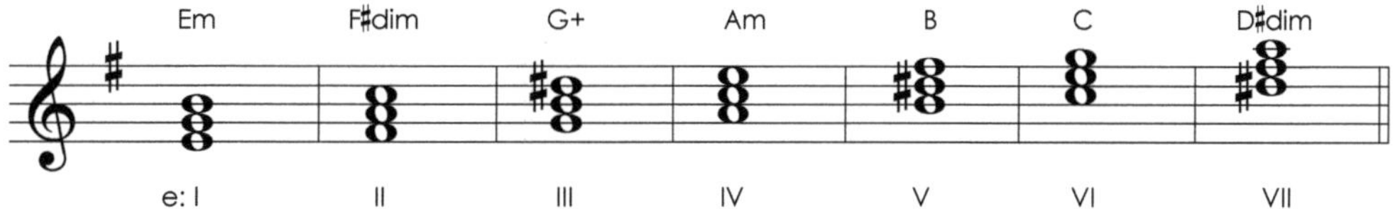

fis-harmonisessa mollissa:

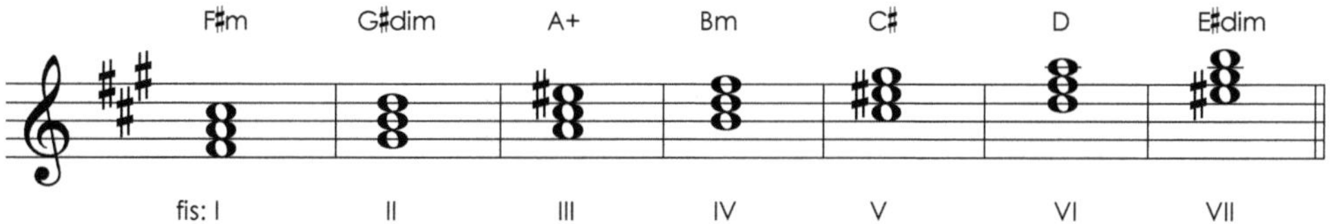

Säveltapailu 2a

Tehtäväsivu nro 1

Teoria 2a

Tehtäväsivu nro 1

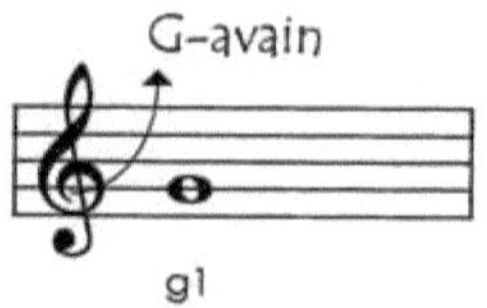

Pieni oktaaviala   1-viivainen oktaaviala   2-viivainen oktaaviala

a h c1 d1 e1 f1 g1 a1 h1 c2 d2 e2 f2 g2 a2 h2

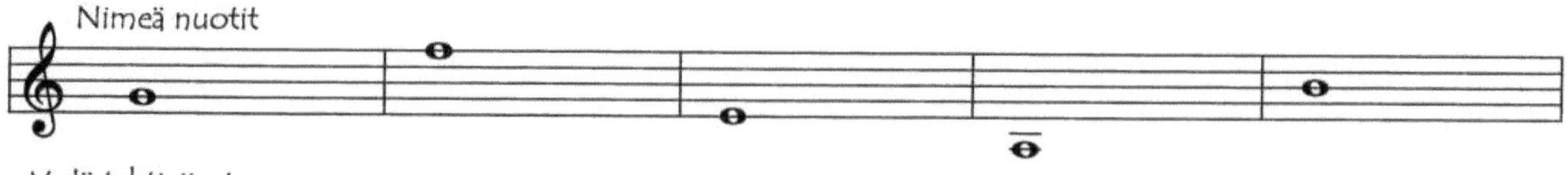

Nimeä nuotit

Vedä tahtiviivat

ta   ti   ti ti ri   taa

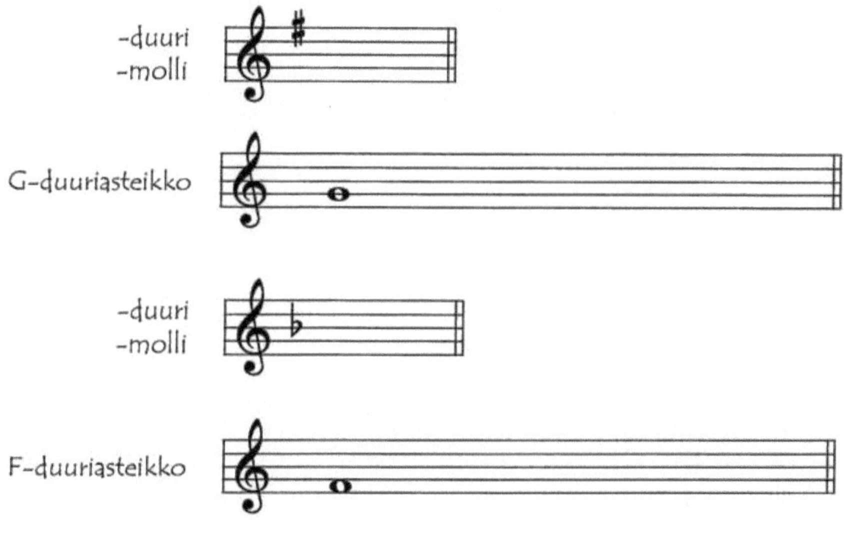

-duuri
-molli

G-duuriasteikko

-duuri
-molli

F-duuriasteikko

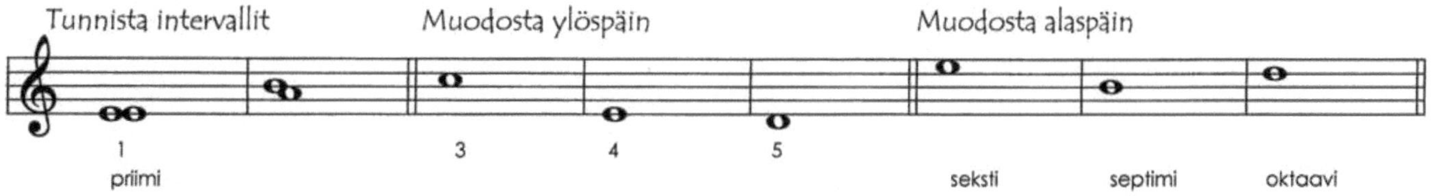

Tunnista intervallit   Muodosta ylöspäin   Muodosta alaspäin

1   3   4   5   seksti   septimi   oktaavi
priimi

Musiikkisanat

tempo =
allegro =
grave =
andante =
pentakordi =
D.C. al Fine =

Säveltapailu 2a
Tehtäväsivu nro 2

Rytmitapailu:
allegro
Syke:
ti   tii ri ti   tai

Rytmisanelu:
andante
ti

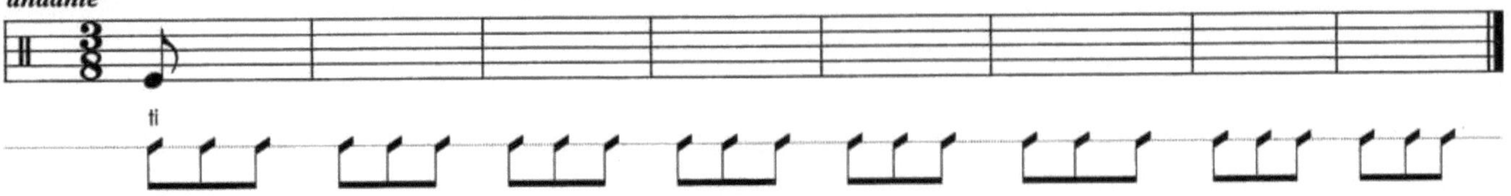

HEKSAKORDI = Kuusisävelinen asteikko

Melodiatapailu:
a   f   Fine   b   D.C. al Fine
p
B: do do so so

a b a
Muoto: KEHYS

Transponoi 5 ylöspäin:
Fine   D.C. al Fine
F: do   so

D-heksakordi: do   re   mi   fa   so   la

Melodiasanelu:
a   b   mf   c   f   d
p   mp
D: do   mi   so la so fa   do so, do

a b c d
Muoto: JONOMAINEN

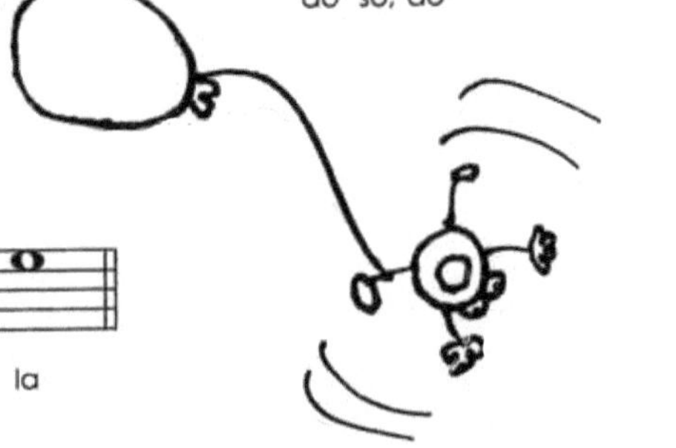

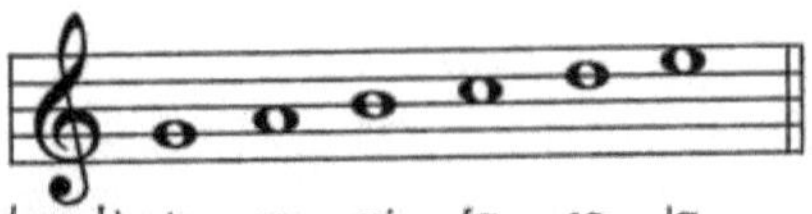

G-heksakordi: do   re   mi   fa   so   la

Transponoi 4 ylöspäin:
mp   mf
G: do   mi   so la so fa mi do   do so, do

13

Teoria 2a

Tehtäväsivu nro 2

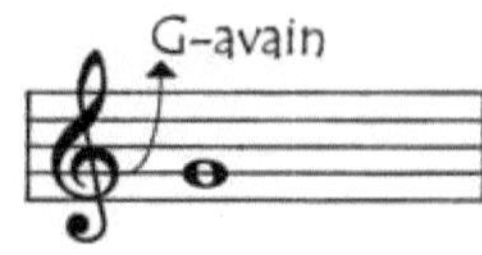

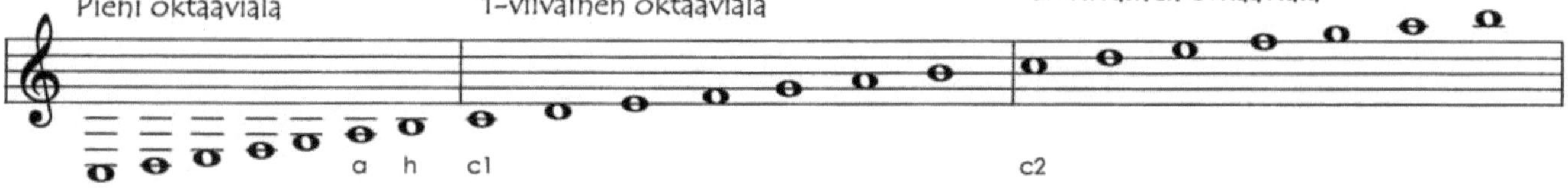

Pieni oktaaviala   1-viivainen oktaaviala   2-viivainen oktaaviala

a   h   c1   c2

Kirjoita nuotit

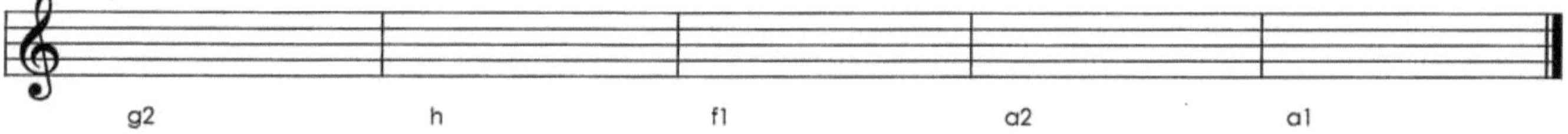

g2   h   f1   a2   a1

Vedä tahtiviivat

tai   ti   taaa   ti   ti ri

-duuri
-molli

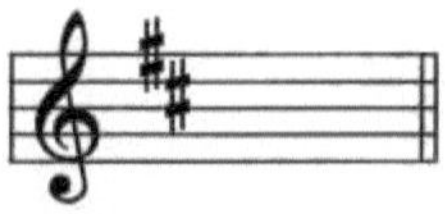

D-duuriasteikko

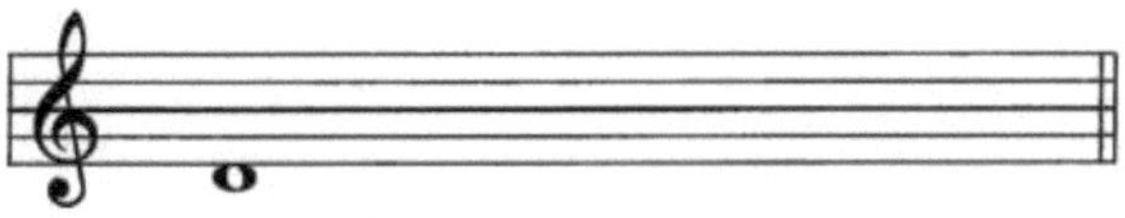

-duuri
-molli

B-duuriasteikko

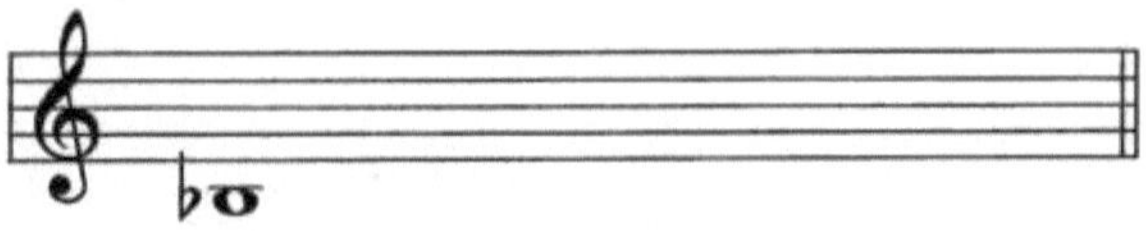

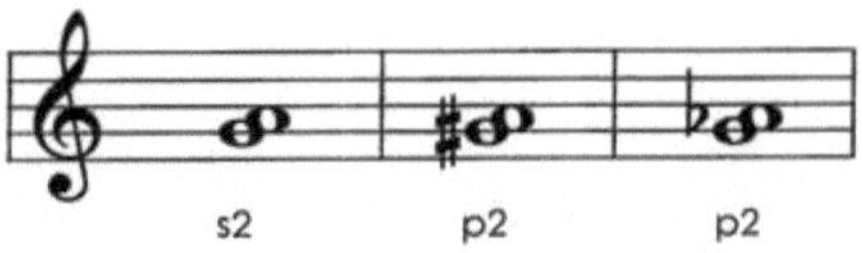

s2   p2   p2

Koodit:
s2 = kokosävelaskel
p2 = puoli sävelaskel

Tunnista intervallit

Musiikkisanat   dynamiikka =

p =

mp =

mf =

f =

crescendo =

diminuendo =

14

Säveltapailu 2a

Tehtäväsivu nro 3

Teoria 2a

Tehtäväsivu nro 3

F-avain

f

1-viivainen oktaaviala

Suuri oktaaviala

Pieni oktaaviala

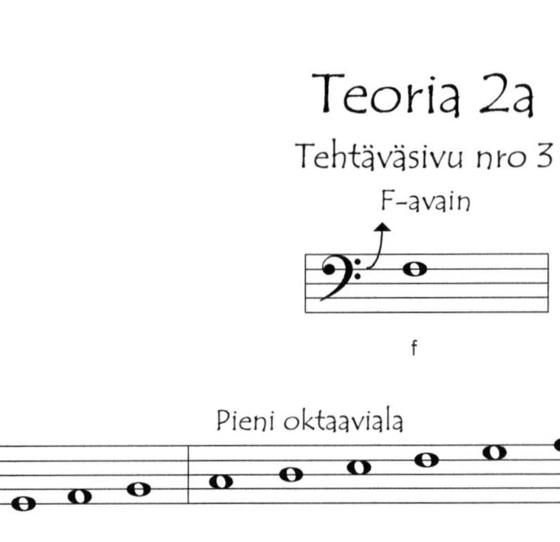

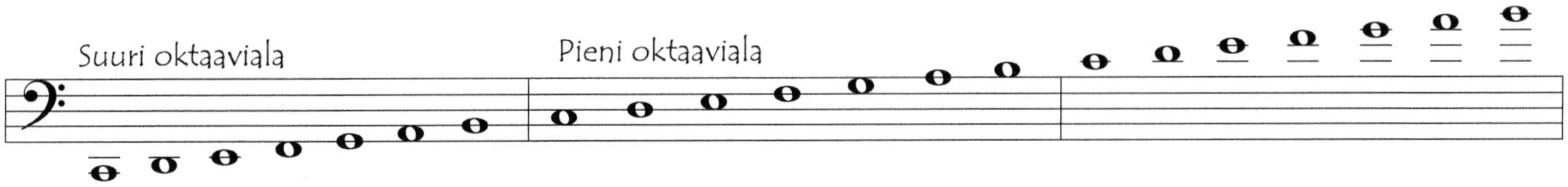

Nimeä nuotit

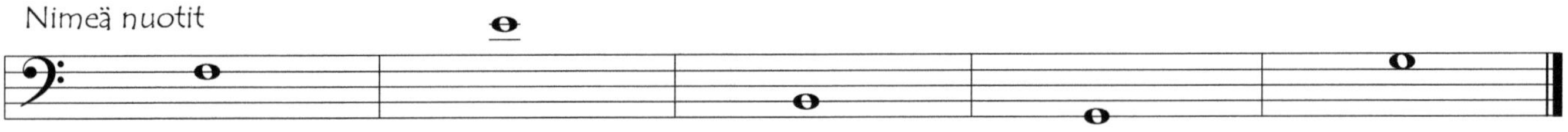

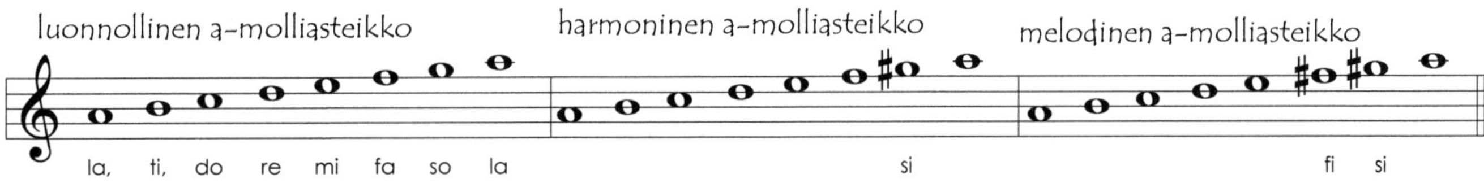

Vedä tahtiviivat

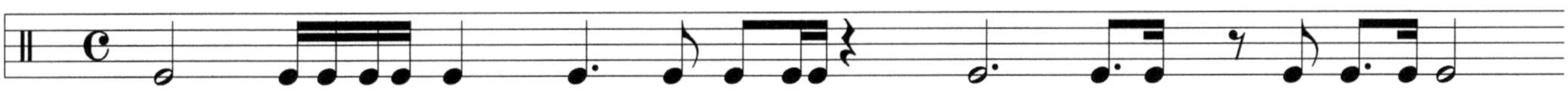

A-duuri
fis-molli

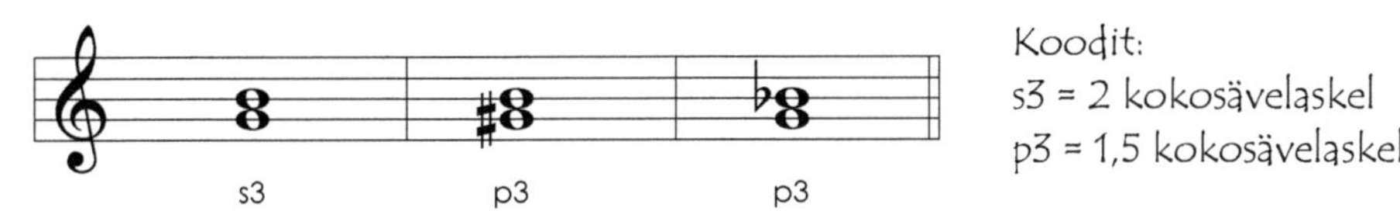

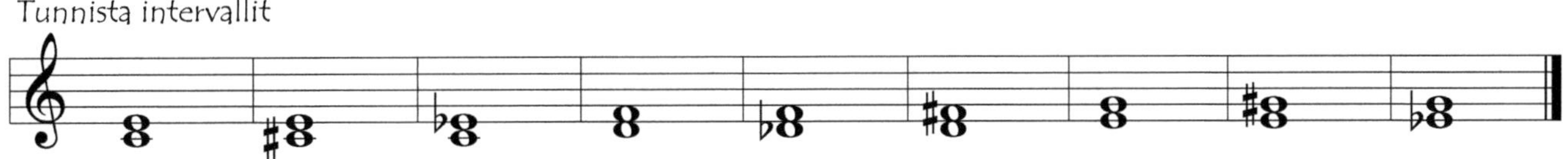

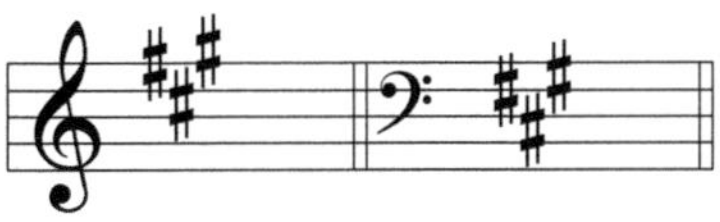

A-duuriasteikko

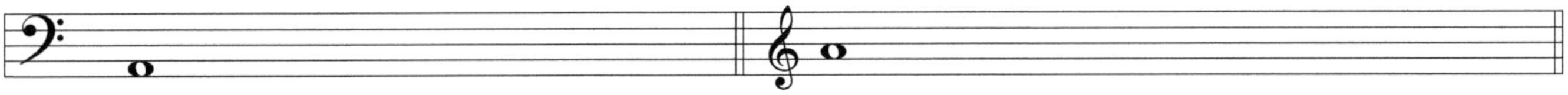

luonnollinen a-molliasteikko

harmoninen a-molliasteikko

melodinen a-molliasteikko

Koodit:
s3 = 2 kokosävelaskel
p3 = 1,5 kokosävelaskel

Tunnista intervallit

Musiikkisanat

vivace =
moderato =
cantabile =
prima vista =
heksakordi =
sekvenssi =

Säveltapailu 2a
Tehtäväsivu nro 4

Teoria 2a

Tehtäväsivu nro 4

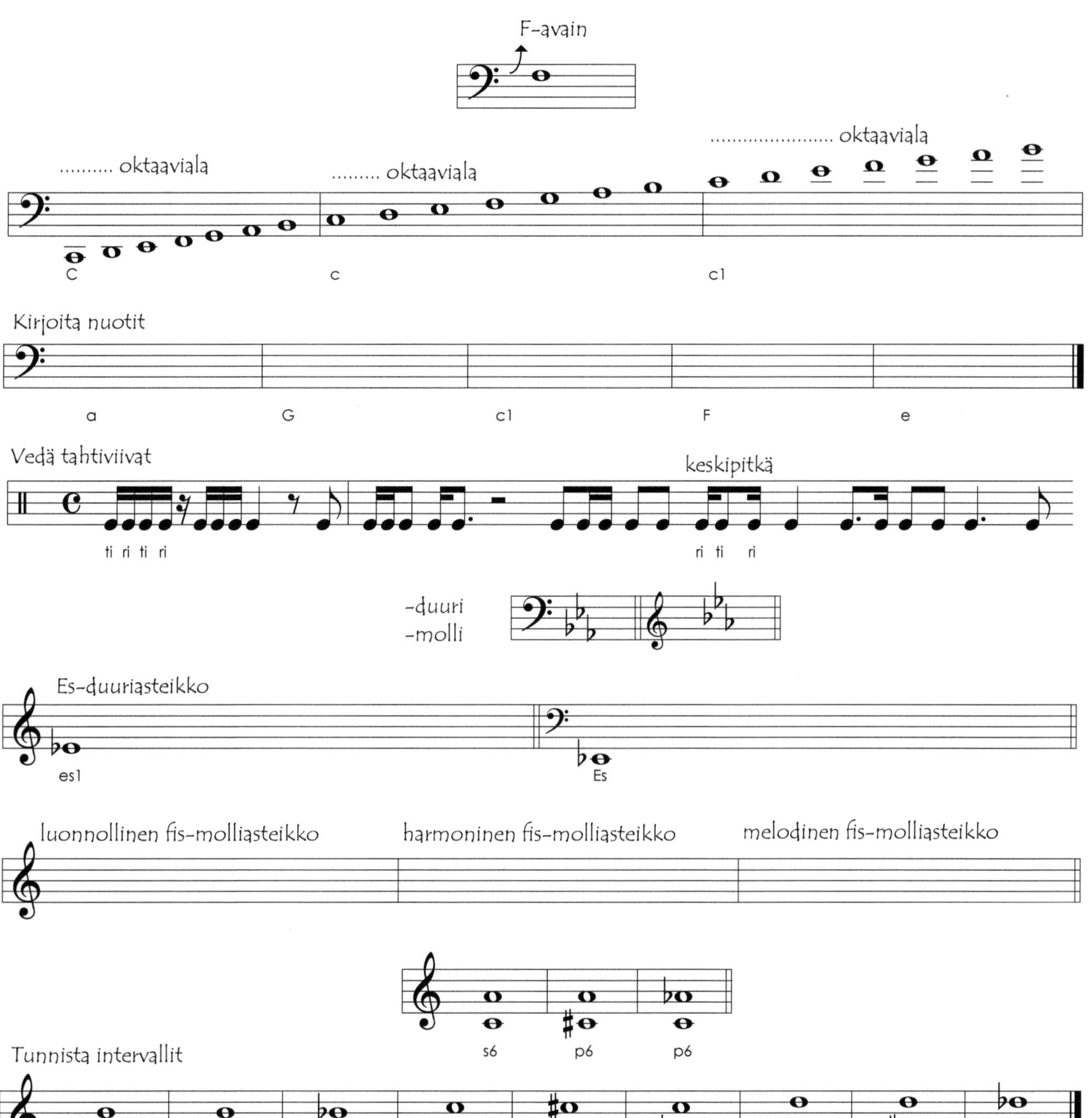

Musiikkisanat

    legato =

    presto =

    largo =

    poco =

    ritenuto =

    ritardando =

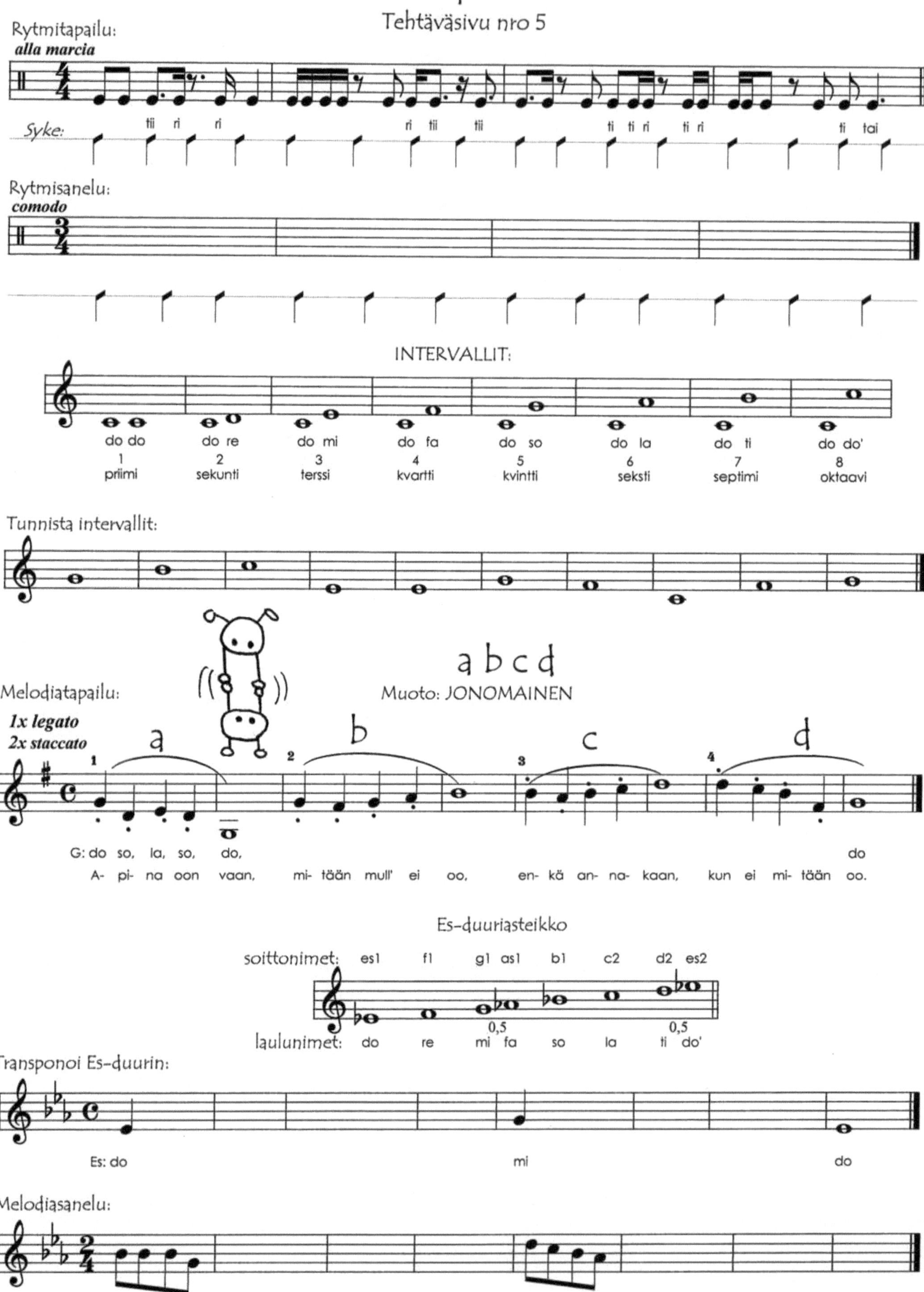

Säveltapailu 2a
Tehtäväsivu nro 5
Rytmitapailu:
alla marcia
Syke:
tii ri ri   ri tii tii   ti ti ri ti ri   ti tai
Rytmisanelu:
comodo
INTERVALLIT:
do do   do re   do mi   do fa   do so   do la   do ti   do do'
1   2   3   4   5   6   7   8
priimi   sekunti   terssi   kvartti   kvintti   seksti   septimi   oktaavi
Tunnista intervallit:
a b c d
Melodiatapailu: Muoto: JONOMAINEN
1x legato
2x staccato
a   b   c   d
G: do so, la, so, do,   do
A- pi- na oon vaan, mi- tään mull' ei oo, en- kä an- na- kaan, kun ei mi- tään oo.
Es-duuriasteikko
soittonimet: es1   f1   g1 as1   b1   c2   d2 es2
0,5   0,5
laulunimet: do   re   mi fa   so   la   ti do'
Transponoi Es-duurin:
Es: do   mi   do
Melodiasanelu:
Es: so so so mi   ti la so fa

Teoria 2a
Tehtäväsivu nro 5

Musiikkisanat

lento =
rubato =
alla marcia =
marcato =
staccato =
comodo =

Säveltapailu 2a

Tehtäväsivu nro 6

Teoria 2a

Tehtäväsivu nro 6

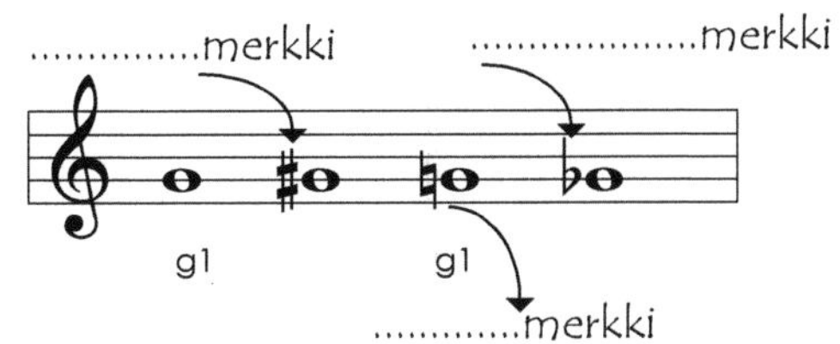

c1
cis1
ces1

Kirjoita nuotit

ges1
ais
fes2
b1
cis3

Vedä tahtiviivat

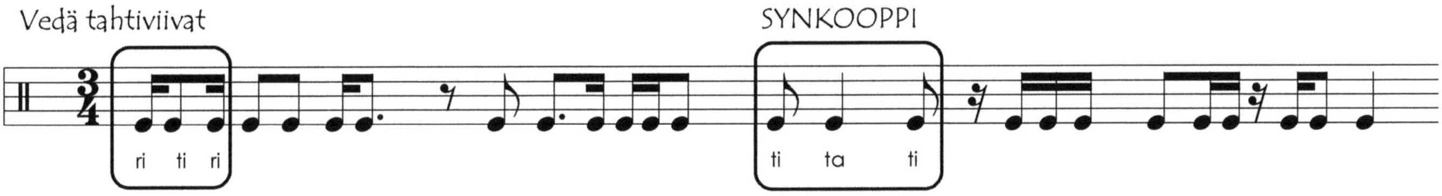

SYNKOOPPI

ri ti ri

ti ta ti

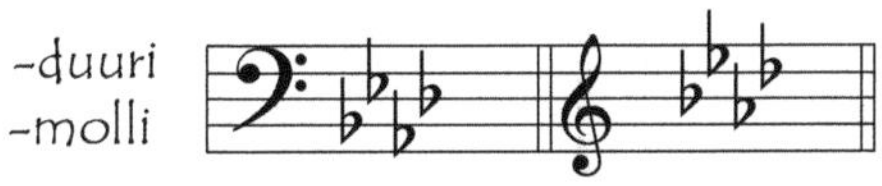

-duuri
-molli

As-duuriasteikko

as1
As

luonnollinen cis-molliasteikko
harmoninen cis-molliasteikko
melodinen cis-molliasteikko

PUHTAAT INTERVALLIT:

1 4 5 8
priimi kvartti kvintti oktaavi

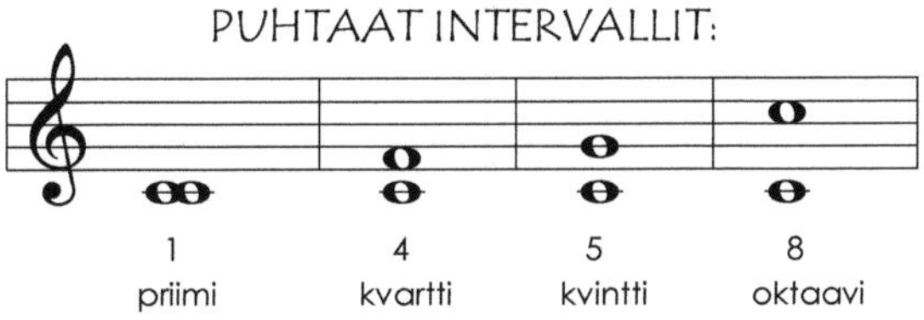

Kirjoita intervallit ylöspäin

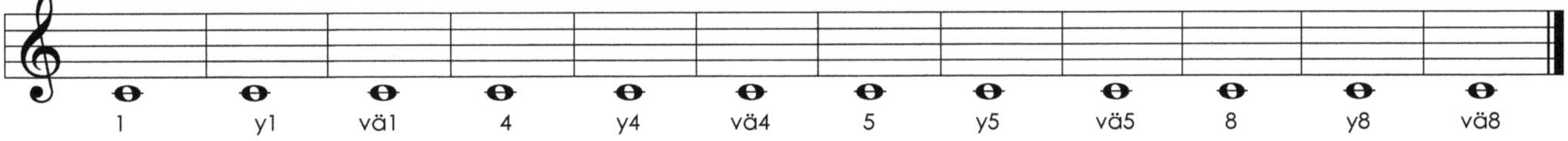

1 y1 vä1 4 y4 vä4 5 y5 vä5 8 y8 vä8

Musiikkisanat

adagio =
grazioso =
meno =
piú =
synkooppi =
fermaatti =

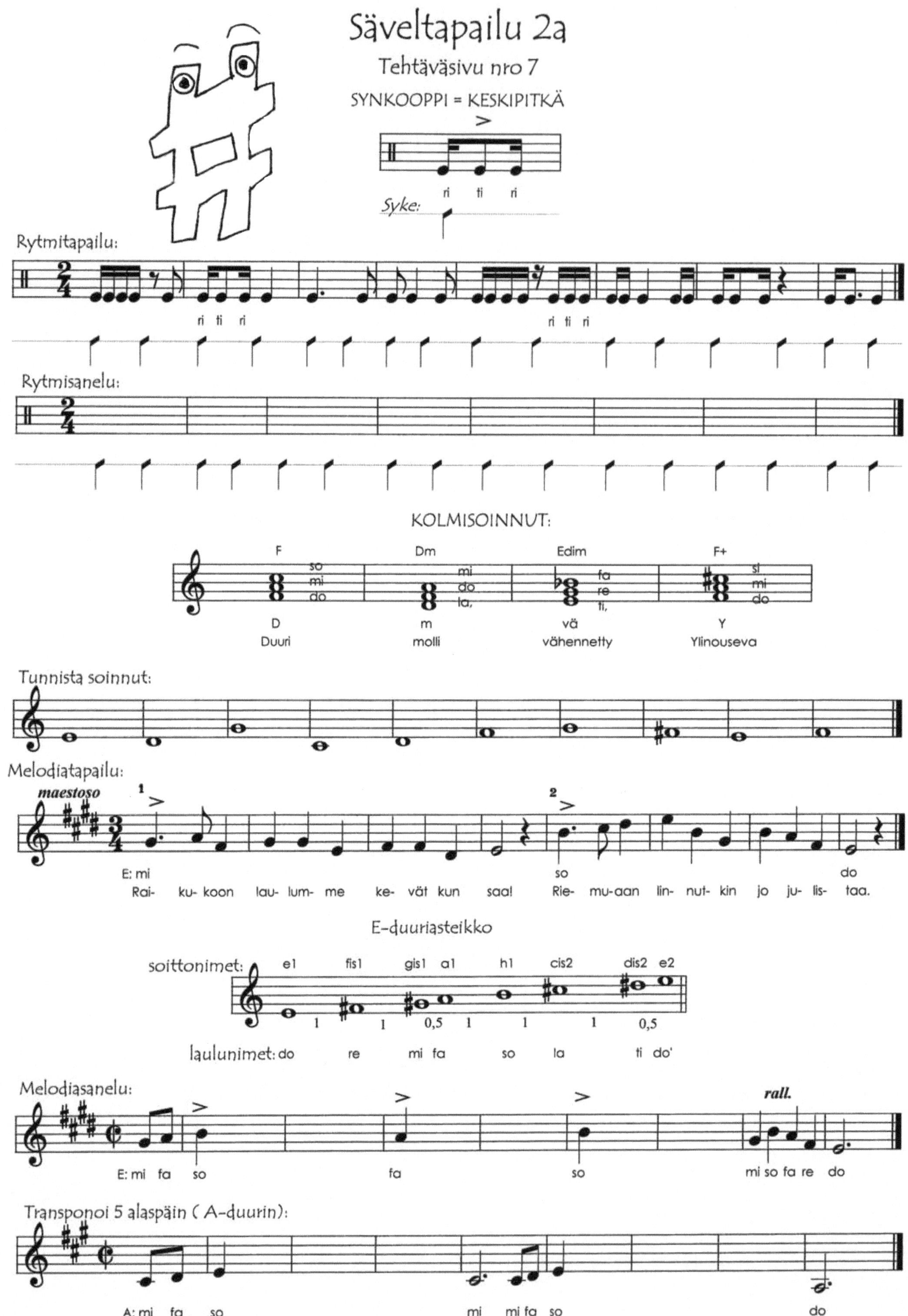

Säveltapailu 2a
Tehtäväsivu nro 7
SYNKOOPPI = KESKIPITKÄ
ri ti ri
Syke:
Rytmitapailu:
ri ti ri
ri ti ri
Rytmisanelu:
KOLMISOINNUT:
F   Dm   Edim   F+
so   mi   fa   si
mi   do   re   mi
do   la,   ti,   do
D   m   vä   Y
Duuri   molli   vähennetty   Ylinouseva
Tunnista soinnut:
Melodiatapailu:
maestoso   1   2
E: mi   so   do
Rai- ku- koon lau- lum- me ke- vät kun saa! Rie- mu-aan lin- nut- kin jo ju- lis- taa.
E-duuriasteikko
soittonimet: e1   fis1   gis1   a1   h1   cis2   dis2 e2
1   1   0,5   1   1   1   0,5
laulunimet: do   re   mi fa   so   la   ti do'
Melodiasanelu:
rall.
E: mi fa so   fa   so   mi so fa re do
Transponoi 5 alaspäin (A-duurin):
A: mi fa   so   mi mi fa so   do
23

Teoria 2a
Tehtäväsivu nro 7
KOLMISOINTU ON POHJASÄVELESTÄ, SEN TERSSISTÄ JA KVINTISTÄ MUODOSTETTU SOINTU
E
Em
Edim
E+
kvintti
terssi
pohjasävel
p3
s3
s3
p3
p3
p3
s3
s3
D
m
vä
Y
Duuri
molli
vähennetty
Ylinouseva
Kirjoita soinnut
Dm
F
F+
Em
Edim
G
C
Bdim
Ddim
E+
m
D
Y
m
vä
D
D
vä
vä
Y
Tunnista nuotit
Vedä tahtiviivat
2
4
Kirjoita asteikot
luon. f-molliasteikko
harm. f-molliasteikko
mel. f-molliasteikko
luon. f-molliasteikko
harm. f-molliasteikko
mel. f-molliasteikko
INTERVALLI KÄÄNNÖKSET:
s2
p7
s3
p6
s6
p3
s7
p2
do re
re do'
do mi
mi do'
do la
la do'
do ti
ti do'
Tunnista intervallit
Musiikkisanat
maestoso =
johtosävel =
rallentando =
aksentti =
rinnakkaissävellajit =
kolmisointu =
24
F

Säveltapailu 2a
Tehtäväsivu nro 8
Syke:
ri ti ri ti
Rytmitapailu:
allegretto
tii ri ti
ri ti ri ti
Rytmisanelu:
KOLMISOINNUT:
C   Cm   Cdim   C+
so   mi   fa   si
mi   do   re   mi
do   la,   ti,   do
D   m   vä   Y
Duuri   molli   vähennetty   Ylinouseva
Tunnista soinnut:
Melodiatapailu:
cis: mi   re   do   ti,   la,   si,   la,
harmoninen cis-molliasteikko
johtosävel
soittonimet: cis1   dis1   e1   fis1   gis1   a1   his1   cis2
1   0,5   1   1   0,5   1,5   0,5
laulunimet: la,   ti, do   re   mi fa   si   la
Koodi:
1,5 = y2
Melodiasanelu:
andante
1   2
cis: la,   do
3
la   la,   la,

2a Teoria

Tehtäväsivu nro 8

KOLMISOINTU ON ....SÄVELESTÄ, SEN ....JA .... MUODOSTETTU SOINTU

Musiikkisanat

    isku =
    kohotahti =
    allegretto =
    larghetto =

Säveltapailu 2a
Tehtäväsivu nro 9
ALKUPITKÄKUVIO = ENSIN PISTEELLINEN NUOTTI
ALKUPITKÄKUVIO
tai - ti tii - ri tii - ri
Syke:
Rytmitapailu:
tii ri ri ti ri ri ti ri tii ri ri
Rytmisanelu
INTERVALLIT:
do do   do re   do mi   do fa   do so   do la   do ti   do do'
1   2   3   4   5   6   7   8
priimi   sekunti terssi   kvartti kvintti seksti   septimi oktaavi
Tunnista intervallit:
Melodiatapailu:
D: do do so   do'
As-duuriasteikko
soittonimet: as1   b1   c2 des2   es2   f2   g2 as2
0,5   0,5
laulunimet: do   re   mi fa   so   la   ti do'
Transponoi As-duurin:
As: do do   so so   do' do' do'   so so   fa fa fa
Melodiasanelu:
andantino   1   2   1.-3.   4.   Sonninen
As: do'   ti
1.Kii-   kaa,   kii-   kaa,   kii - kaa,   ki- ki- ka.
2. Lii-   laa,   lii-   laa,   lii - laa   lau- lu- a.
3. Riit- tää   riit- tää   Suo - men   soit- to- a.
4. Kiit- tää   kiit- tää   kaik - ki   koit- to- a.

Teoria 2a
Tehtäväsivu nro 9
D = Dominantti (huippusointu)
S = Subdominantti (leposointu)
T = Toonika (perussointu)
ASTEET JA PÄÄFUNKTIOT DUURISSA:
T
S D
C: I   II   III   IV   V   VI   VII
Kirjoita soinnut
F
F:I   D:II   G:III   B:IV   As:V   A:VI   Es:VII   B:V   G:VI   A:II
Tunnista nuotit
Vedä tahtiviivat
andantino non troppo
ti   ti tai   tii ri   ti   ti ri tii   tai   ti ri   ti ri ri tii
kohotahti
vajatahti
Kirjoita asteikot
G-duuriasteikko   harm. g-molliasteikko   mel. c-molliasteikko
Tunnista asteikot
INTERVALLIT:
vä5   5   y5   vä5   5   y5
0,5   0,5   0,5   0,5
Kirjoita intervallit alaspäin
Tunnista intervallit
4   vä4   y4   y4   4
Musiikkisanat
andantino =
x =
bb =
non troppo =
transponointi =

Säveltapailu 2a
Tehtäväsivu nro 10
LOPPUPITKÄKUVIO
Syke:
ri tii ri tii ti tai
LOPPUPITKÄKUVIO = PISTEELLINEN NUOTTI LOPUSSA
Rytmitapailu:
ri tii
ti tai
ri ti ri ti
Rytmisanelu:
KOLMISOINNUT:
C Cm Cdim C+
so mi fa si
p3 mi s3 do p3 re s3 mi
s3 do p3 la, p3 ti, s3 do
D m vä Y
Tunnista soinnut:
Melodiatapailu:
Fine accelerando D.C. al Fine
e: la, la, mi mi re do ti, la, si,
harmoninen f-molliasteikko
johtosävel
soittonimet:
f1 g1 as1 b1 c2 des2 e2 f2
1 0,5 1 1 0,5 1,5 0,5
Koodi:
1,5 = y2
laulunimet: la, ti, do re mi fa si la
Transponoi p2 ylös:
stringendo
D.C. al Fine
f: la, la, mi mi
ti, ti, do re
Melodiasanelu
f: mi,
ti, mi,
la,
29

Teoria 2a

Tehtäväsivu nro 10

D = ... (huippusointu)

S = ... (leposointu)

T = ... (perussointu)

ASTEET JA PÄÄFUNKTIOT MOLLISSA:

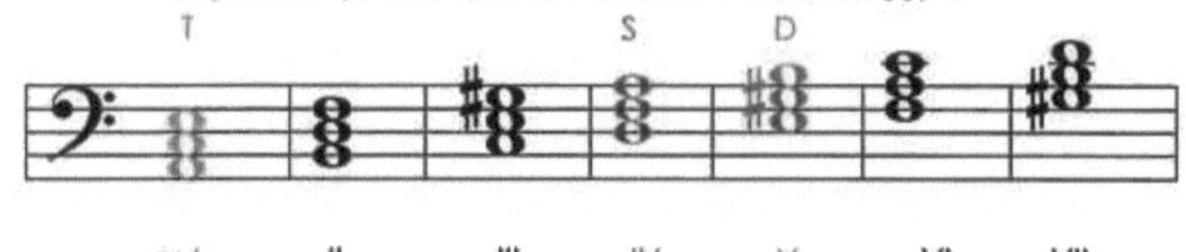

Tunnista asteet

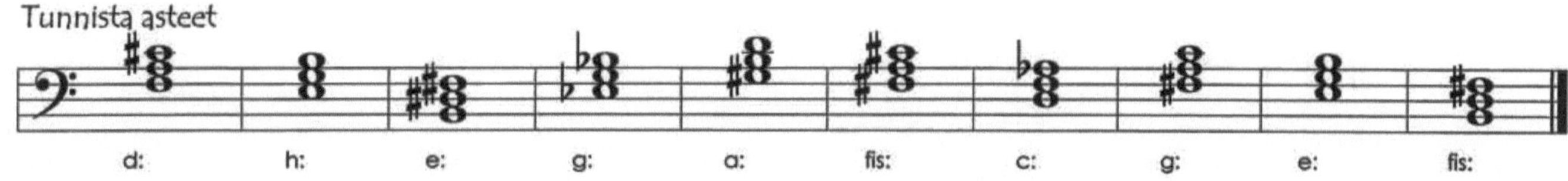

Tunnista asteikot

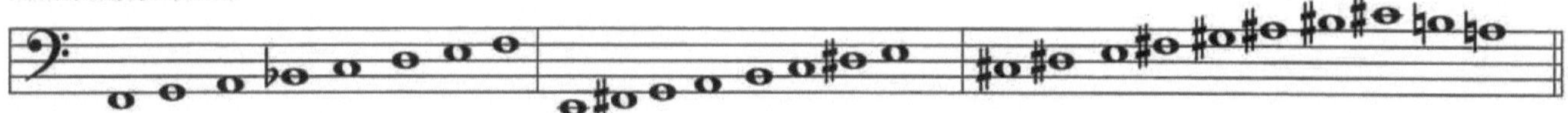

Kirjoita asteikot

TRITONUS

Tunnista intervallit

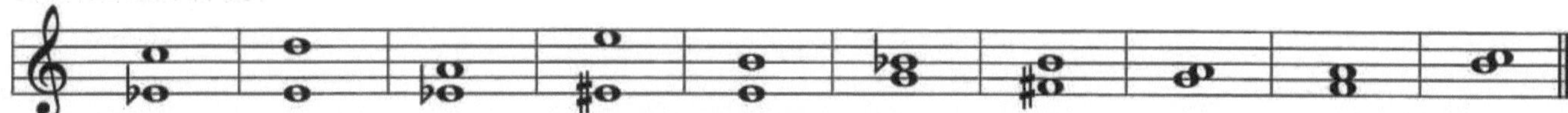

Tunnista soinnut

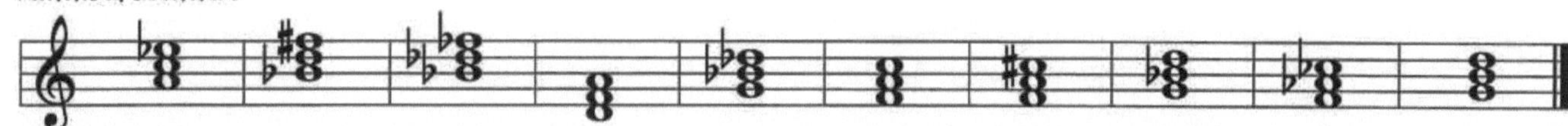

Tunnista nuotit

Musiikkisanat

risoluto =

coda =

dissonanssi =

accelerando =

stringendo =

tritonus =

30

Säveltapailu 2a

Vastaussivu nro 1

Rytmitapailu:

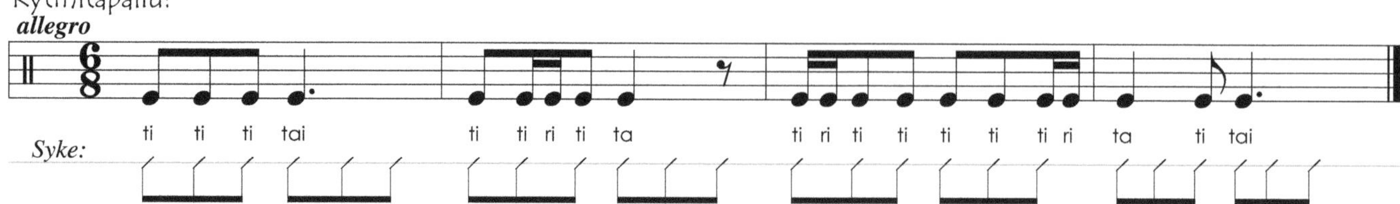

Rytmisanelu:

Melodiatapailu:

TRANSPONOI = SIIRRÄ

Transponoi s2 ylöspäin:

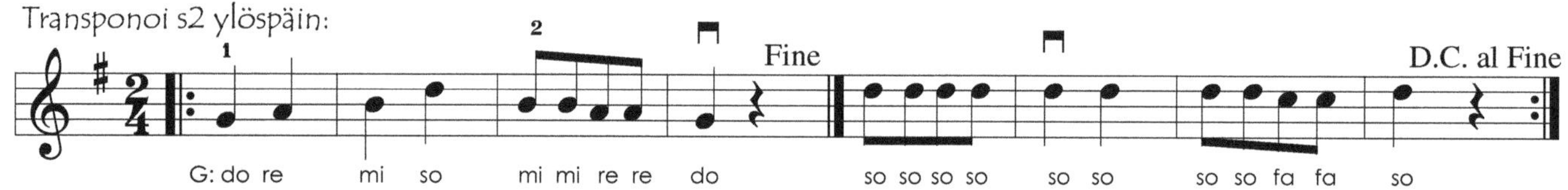

PENTAKORDI = Viisisävelinen asteikko

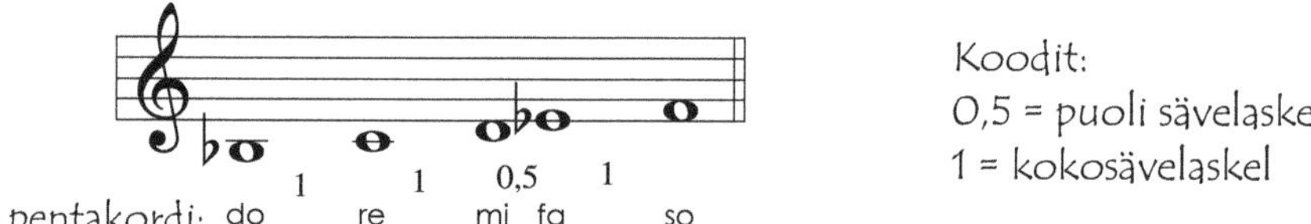

Koodit:
0,5 = puoli sävelaskel
1 = kokosävelaskel

Melodiasanelu:

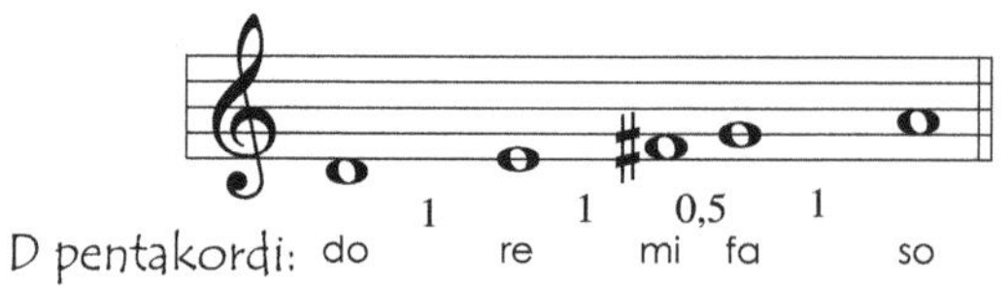

Transponoi s3 ylöspäin:

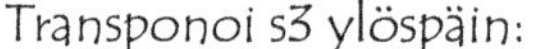

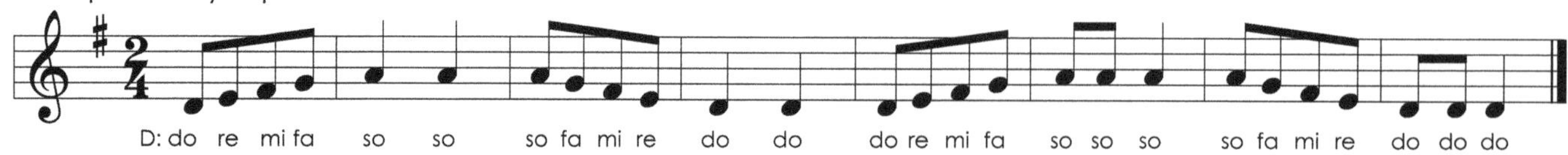

Teoria 2a

Vastaussivu nro 1

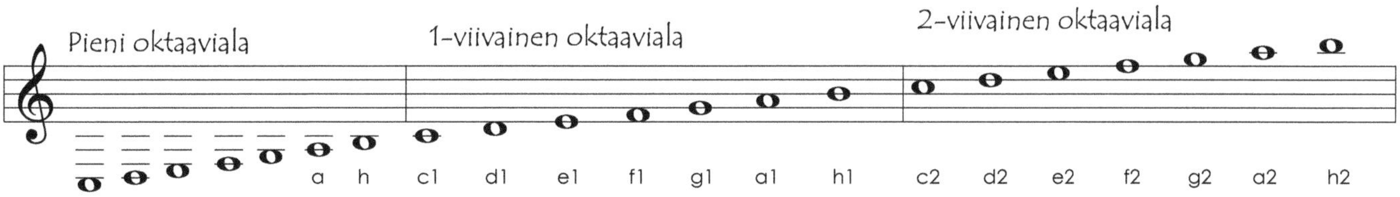

Pieni oktaaviala   1-viivainen oktaaviala   2-viivainen oktaaviala

a h c1 d1 e1 f1 g1 a1 h1 c2 d2 e2 f2 g2 a2 h2

Nimeä nuotit

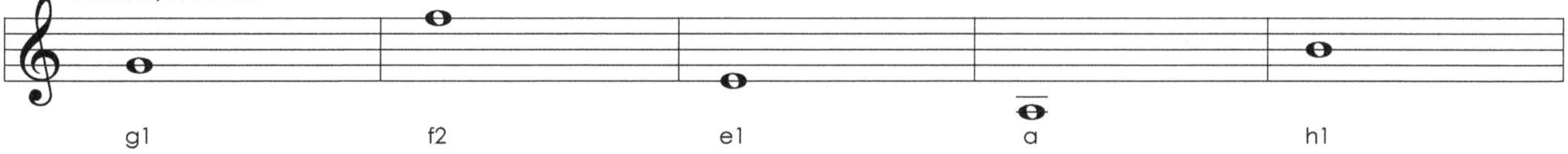

g1   f2   e1   a   h1

Vedä tahtiviivat

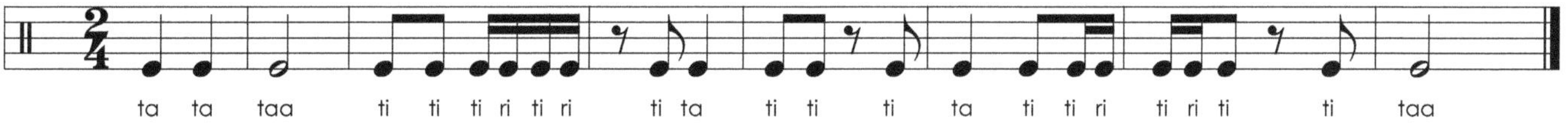

ta ta taa   ti ti ti ri ti ri   ti ta   ti ti   ti ta   ti ti ri   ti ri ti   ti   taa

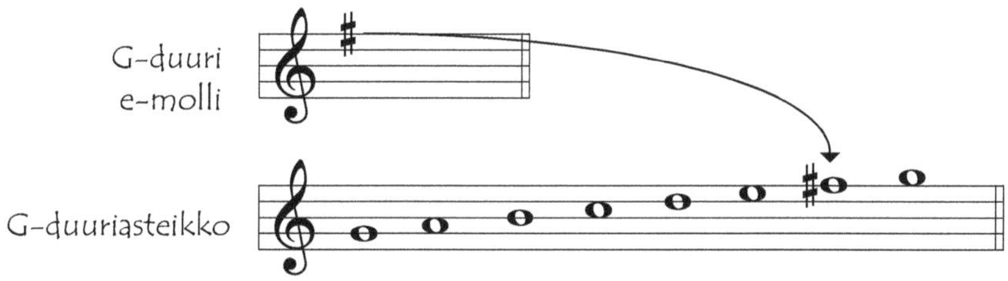

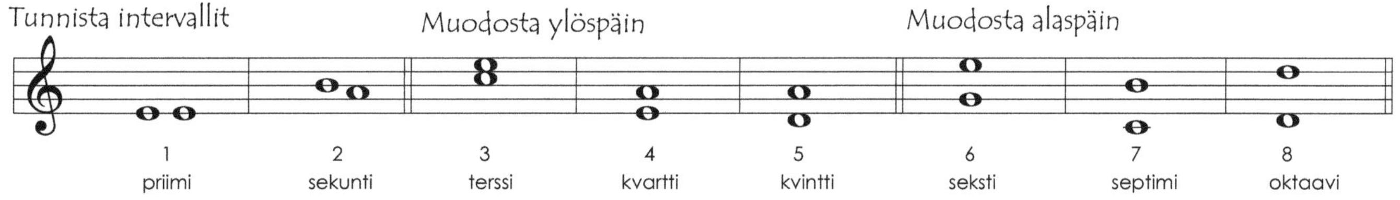

Tunnista intervallit   Muodosta ylöspäin   Muodosta alaspäin

1	2	3	4	5	6	7	8
priimi	sekunti	terssi	kvartti	kvintti	seksti	septimi	oktaavi

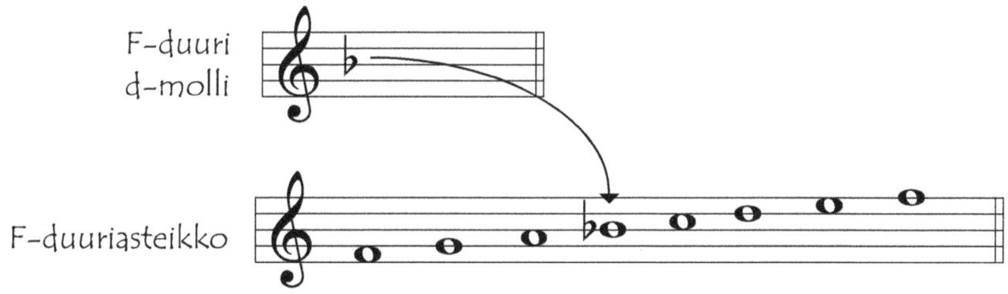

Musiikkisanat

tempo = esitysnopeus
allegro = nopeasti
grave = raskaasti
andante = käyden
pentakordi = viisisävelinen asteikko
D.C. al Fine = alusta loppuun saakka

Säveltapailu 2a

Vastaussivu nro 2

Teoria 2a

Vastaussivu nro 2

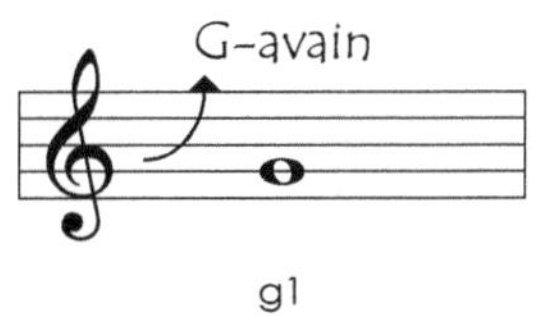

Pieni oktaaviala   1-viivainen oktaaviala   2-viivainen oktaaviala

a h c1 d1 e1 f1 g1 a1 h1 c2 d2 e2 f2 g2 a2 h2

Kirjoita nuotit

g2   h   f1   a2   a1

Vedä tahtiviivat

tai ti taa   ti ri ti ri taaa   ti ti ri ti ri ti ti ti ri ta

D-duuri
h-molli

D-duuriasteikko

B-duuri
g-molli

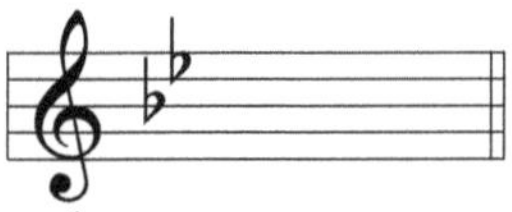

B-duuriasteikko

s2   p2   p2

Koodit:
s2 = kokosävelaskel
p2 = puoli
sävelaskel

Tunnista intervallit

s2 p2 p2 s2 p2 p2 p2 s2 s2

Musiikkisanat

dynamiikka = äänen voimakkuuden vaihtelu
p = hiljaa
mp = melko hiljaa
mf = melko voimakkaasti
f = voimakkaasti
crescendo = voimistuen
diminuendo = hiljentyen

Säveltapailu 2a

Vastaussivu nro 3

35

Teoria 2a

Vastaussivu nro 3

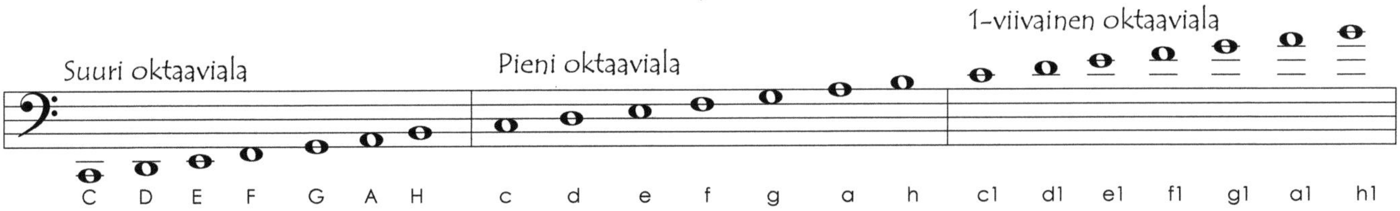

F-avain
f

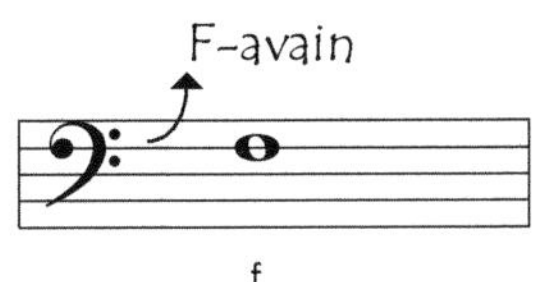

Suuri oktaaviala
Pieni oktaaviala
1-viivainen oktaaviala
C D E F G A H
c d e f g a h
c1 d1 e1 f1 g1 a1 h1

Nimeä nuotit

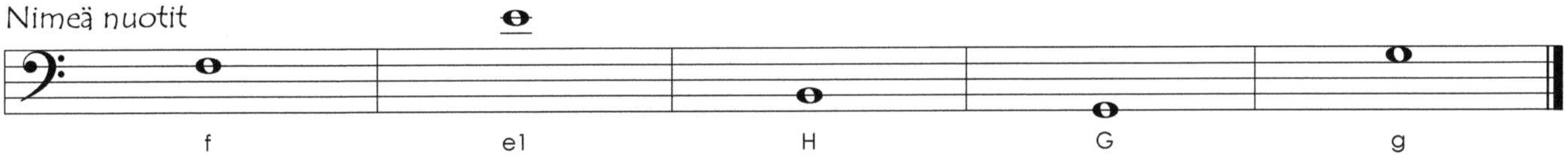

f
e1
H
G
g

Vedä tahtiviivat

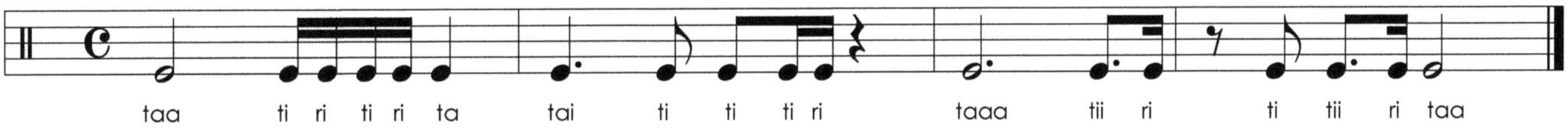

taa ti ri ti ri ta tai ti ti ti ri taaa tii ri ti tii ri taa

A-duuri
fis-molli

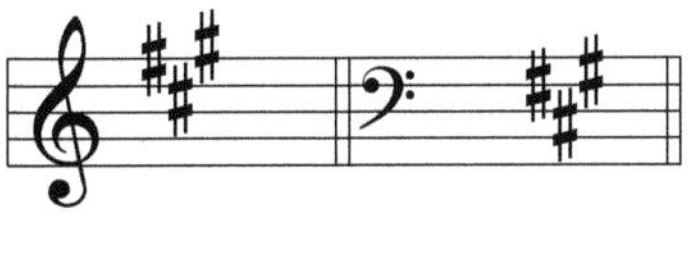

A-duuriasteikko

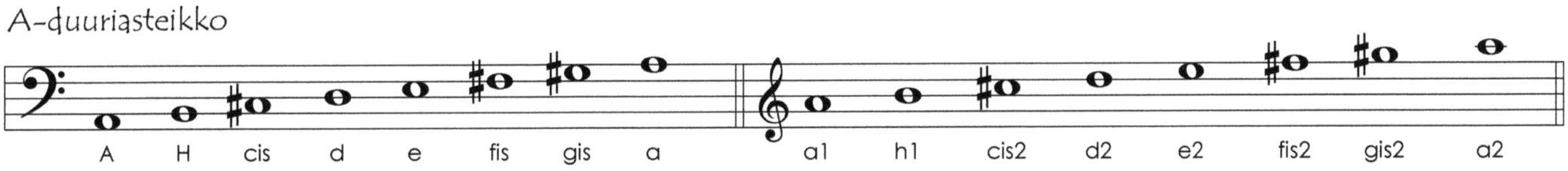

A H cis d e fis gis a
a1 h1 cis2 d2 e2 fis2 gis2 a2

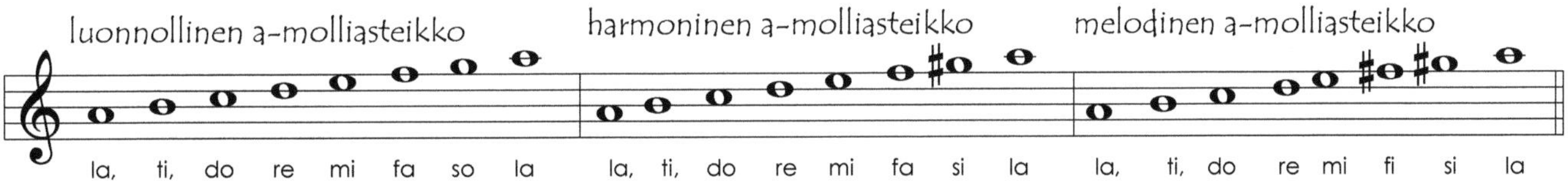

luonnollinen a-molliasteikko
harmoninen a-molliasteikko
melodinen a-molliasteikko
la, ti, do re mi fa so la
la, ti, do re mi fa si la
la, ti, do re mi fi si la

s3
p3
p3

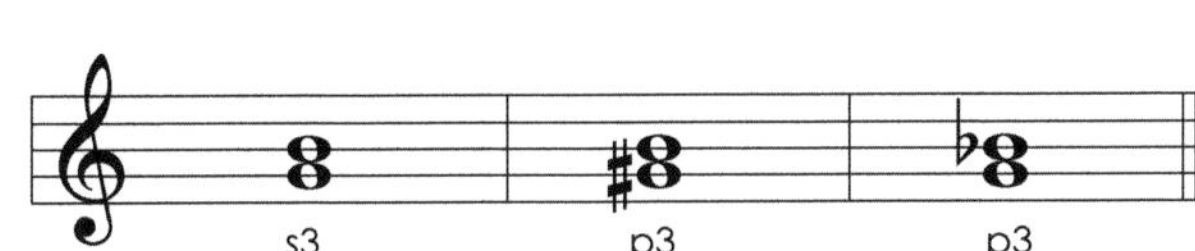

Koodit:
s3 = 2 kokosävelaskel
p3 = 1,5 kokosävelaskel

Tunnista intervallit

s3 p3 p3 p3 s3 s3 p3 s3 s3

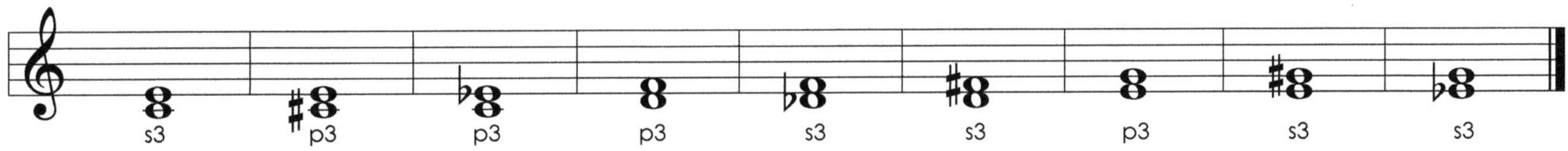

Musiikkisanat

vivace = eloisasti
moderato = kohtuullisesti
cantabile = laulavasti
prima vista = ensi näkemältä
heksakordi = kuusisävelinen asteikko
sekvenssi = aiheen siirto

Säveltapailu 2a

Vastaussivu nro 4

Teoria 2a

Vastaussivu nro 4

Suuri oktaaviala — Pieni oktaaviala — 1-viivainen oktaaviala

C D E F G A H c d e f g a h c1 d1 e1 f1 g1 a1 h1

Kirjoita nuotit

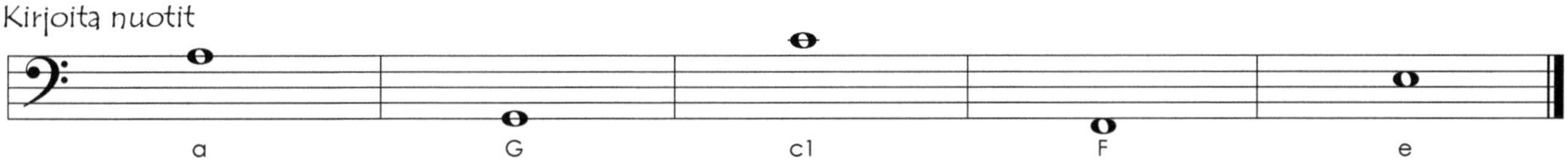

a G c1 F e

Vedä tahtiviivat

ti ri ti ri   ri ti ri ta   ti   ti ri ti   ri tii   ti   ti ri ti   ti   ri ti   ri ta   tii   ri ti   ti tai   ti

Es-duuri
c-molli

Es-duuriasteikko

es1 f1 g1 as1 b1 c2 d2 es2   Es F G As B c d es

luonnollinen fis-molliasteikko — harmoninen fis-molliasteikko — melodinen fis-molliasteikko

la, ti, do re mi fa so la   la, ti, do re mi fa si la   la, ti, do re mi fi si la

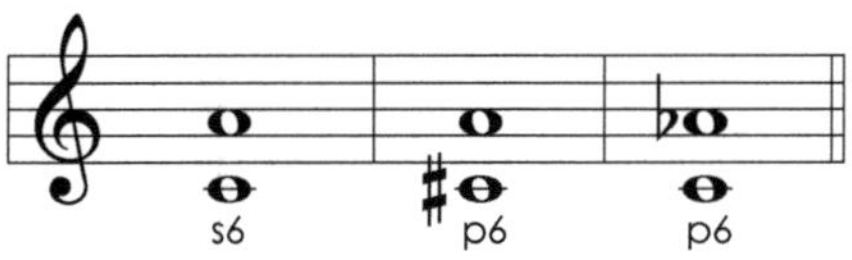

s6 p6 p6

Tunnista intervallit

s6 p6 p6 p6 s6 s6 s6 p6 p6

Musiikkisanat

legato = sitoen
presto = hyvin nopeasti
largo = erittäin hitaasti
poco = vähän
ritenuto = pidätellen
ritardando = hidastuen

Säveltapailu 2a

Vastaussivu nro 5

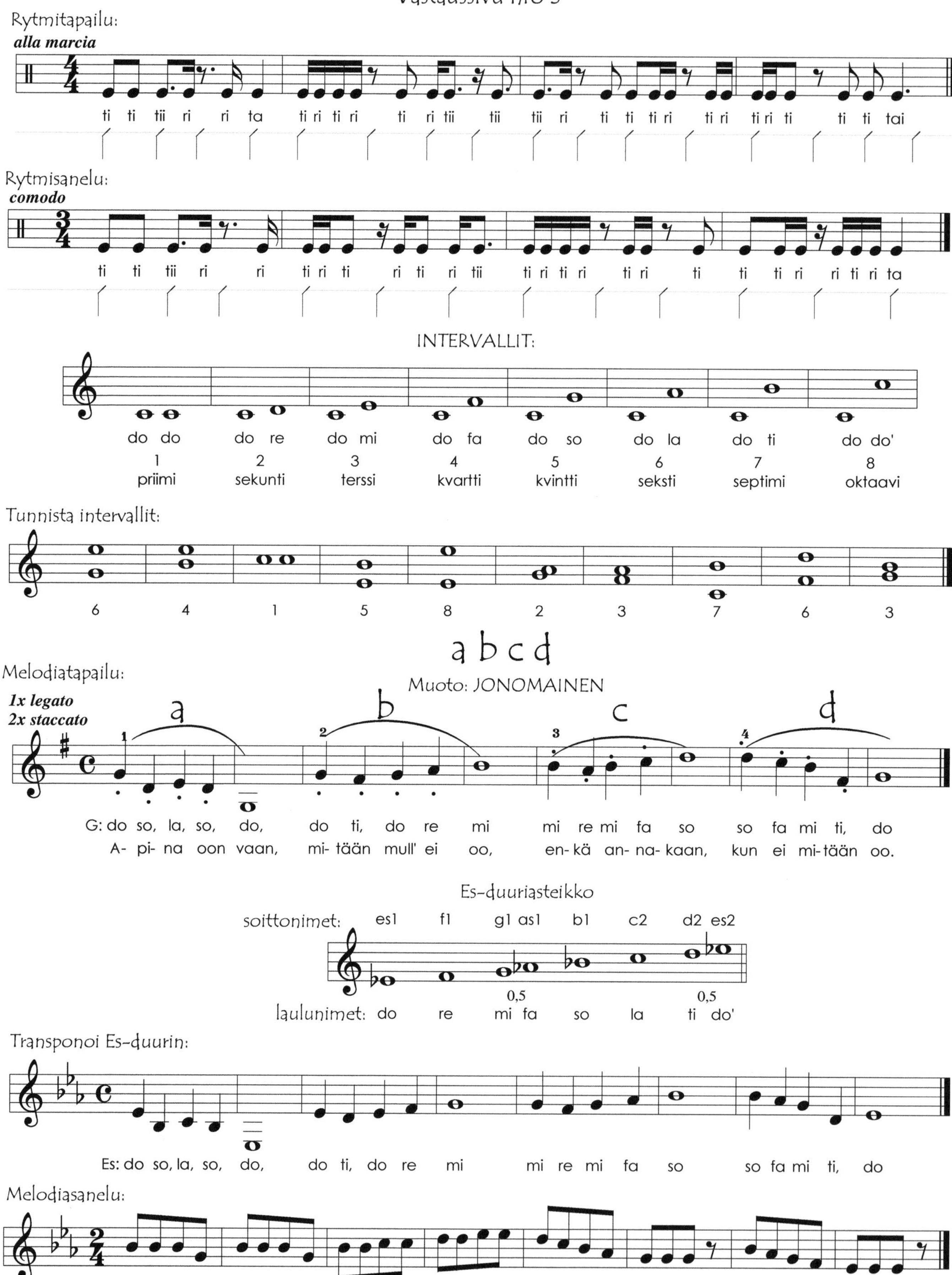

Teoria 2a

Musiikkisanat

lento = hitaasti
rubato = vapaasti
alla marcia = marssin tapaan
marcato = voimakkaasti korostaen
staccato = lyhyesti
comodo = kiirettä pitämättä

Säveltapailu 2a

Vastaussivu nro 6

SYNKOOPPI = KESKIPITKÄ

Teoria 2a

Vastaussivu nro 6

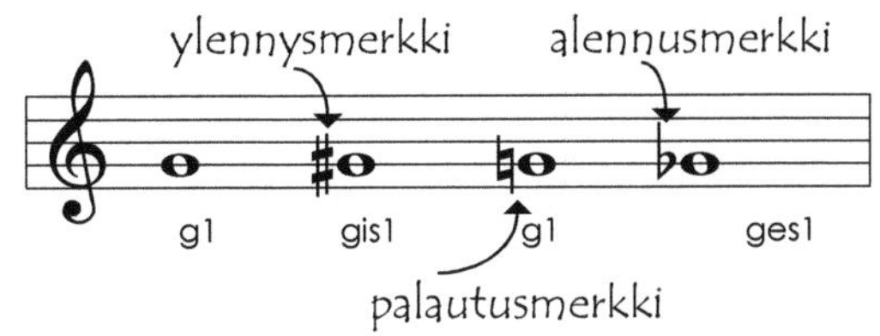

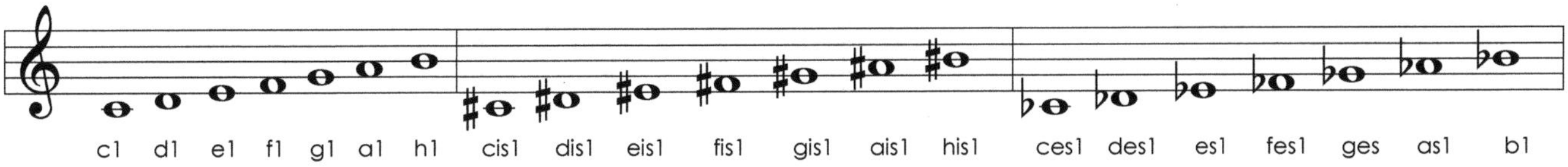

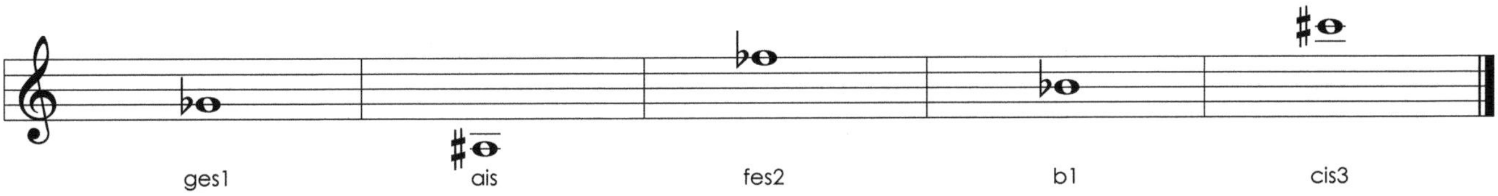

Vedä tahtiviivat

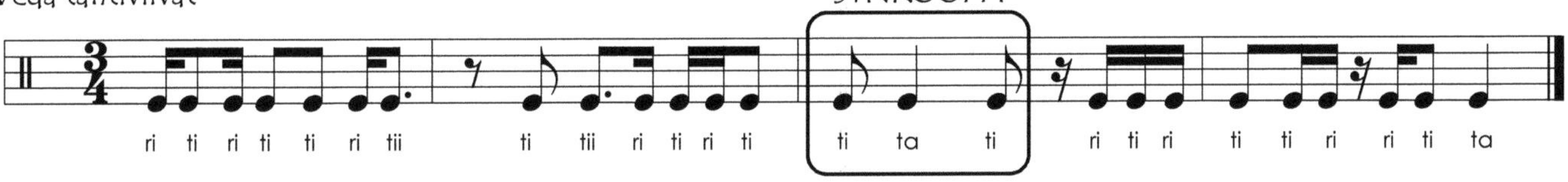

SYNKOOPPI

As-duuri
f-molli

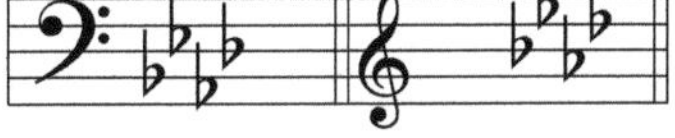

As-duuriasteikko

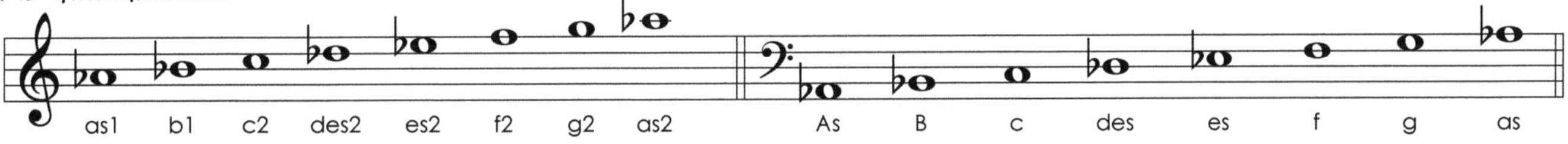

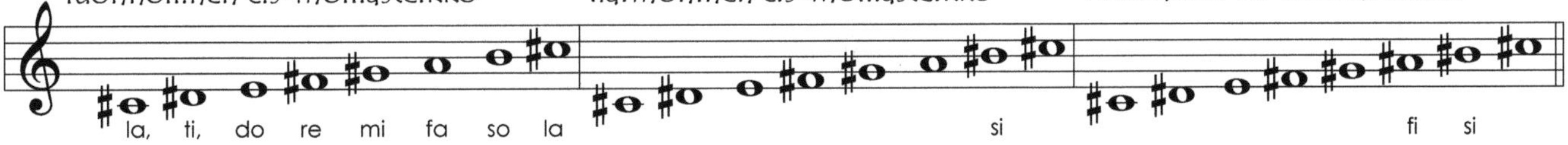

PUHTAAT INTERVALLIT:

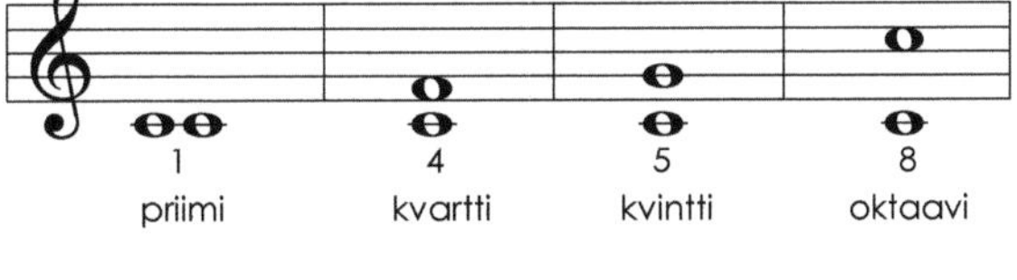

Kirjoita intervallit

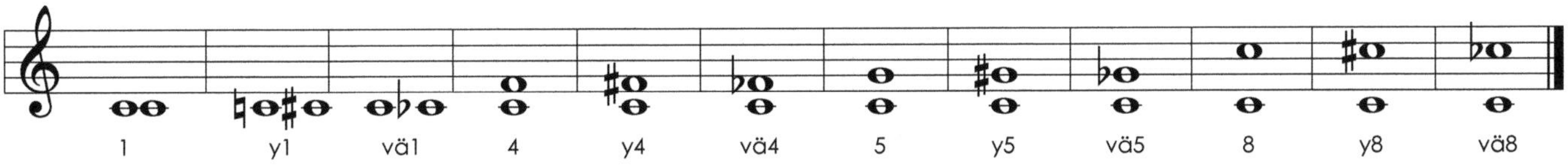

Musiikkisanat

adagio = hitaasti
grazioso = sirosti
meno = vähemmän
piú = enemmän
synkooppi = keskipitkä
fermaatti = pidäke

Säveltapailu 2a

Vastaussivu nro 7

Teoria 2a

Vastaussivu nro 7

KOLMISOINTU ON POHJASÄVELESTÄ, SEN TERSSISTÄ JA KVINTISTÄ MUODOSTETTU SOINTU

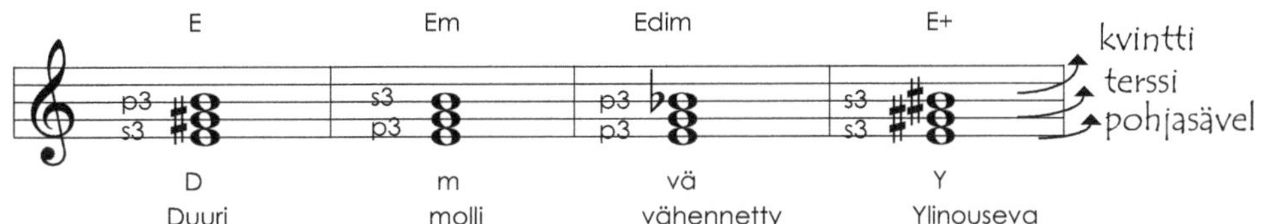

Kirjoita soinnut

Tunnista nuotit

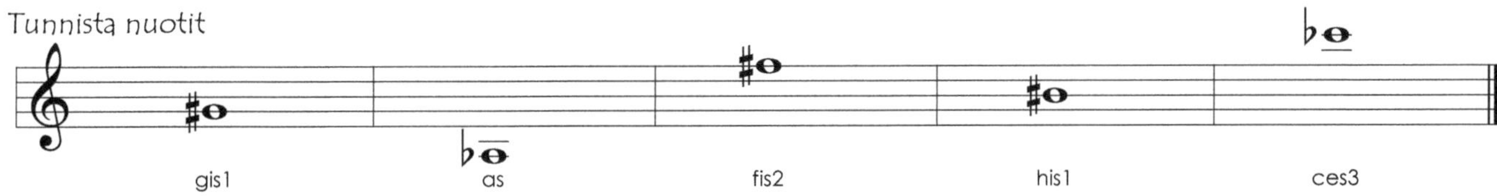

Vedä tahtiviivat

Kirjoita asteikot

INTERVALLI KÄÄNNÖKSET:

Tunnista intervallit

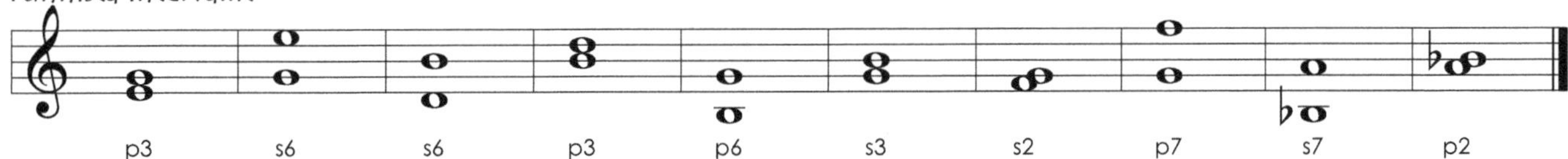

Musiikkisanat

maestoso = juhlallisesti
johtosävel = asteikon 7. sävel
rallentando = hidastaen
aksentti = korostus, isku
rinnakkaissävellajit = sama etumerkintä
kolmisointu = pohjasävel + terssi + kvintti

Säveltapailu 2a

Vastaussivu nro 8

45

Teoria 2a

Vastaussivu nro 8

KOLMISOINTU ON POHJASÄVELESTÄ, SEN TERSSISTÄ JA KVINTISTÄ MUODOSTETTU SOINTU

Säveltapailu 2a

Vastaussivu nro 9

Rytmitapailu:

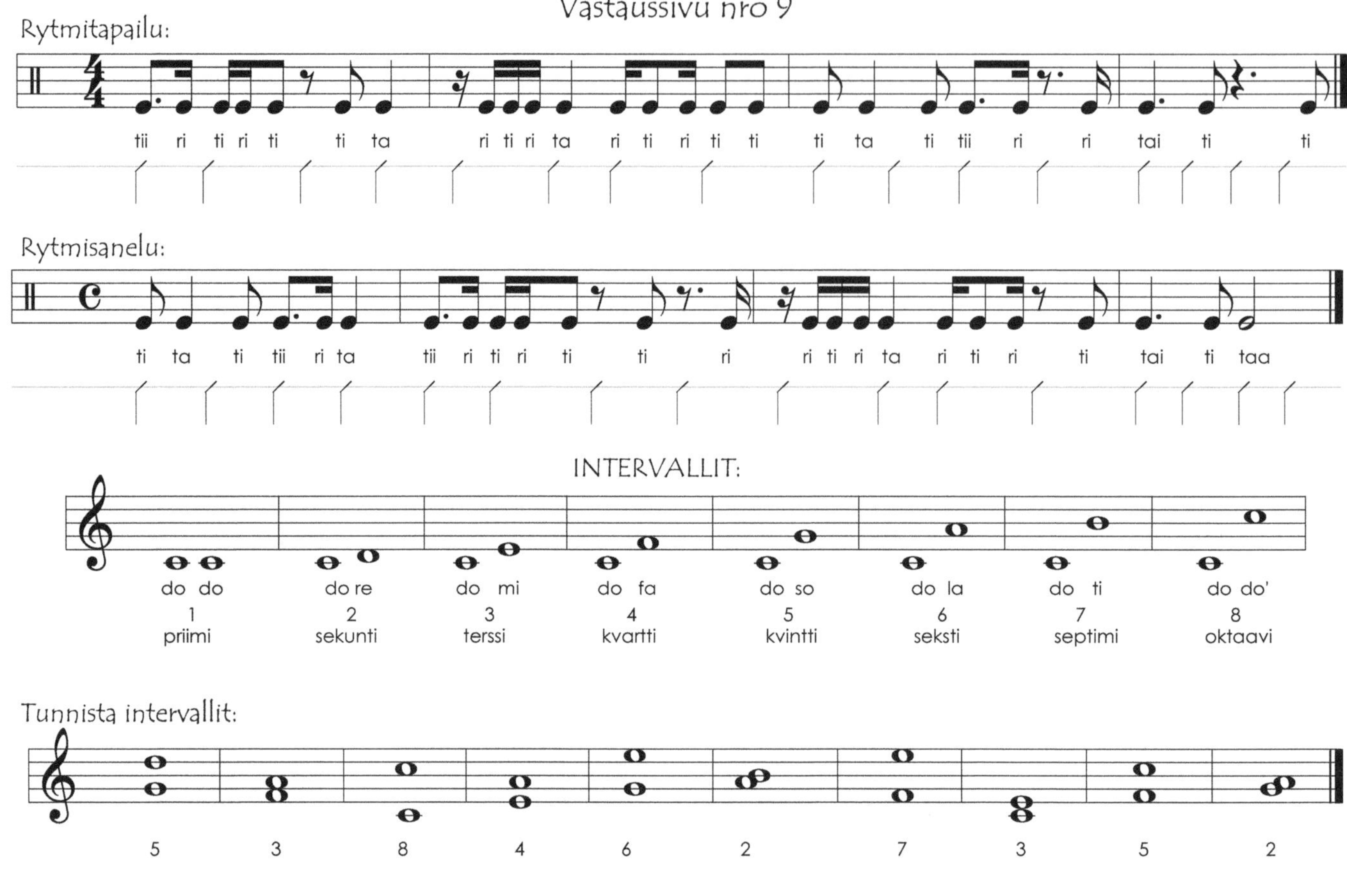

Rytmisanelu:

INTERVALLIT:

Tunnista intervallit:

Melodiatapailu:

As-duuriasteikko

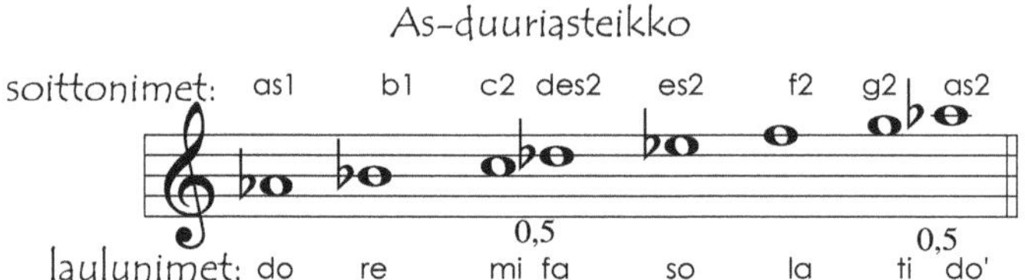

Transponoi As-duurin:

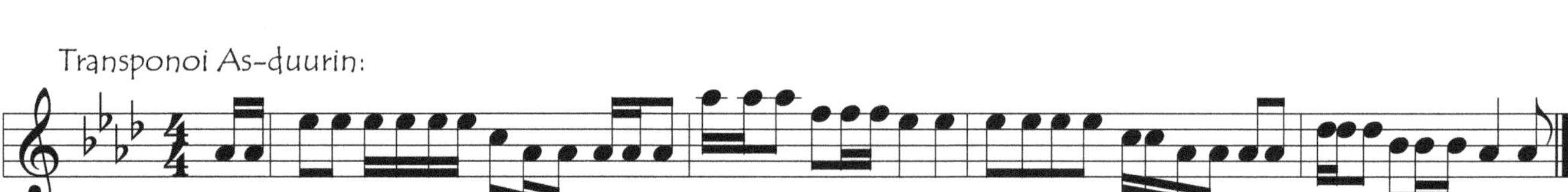

Melodiasanelu:

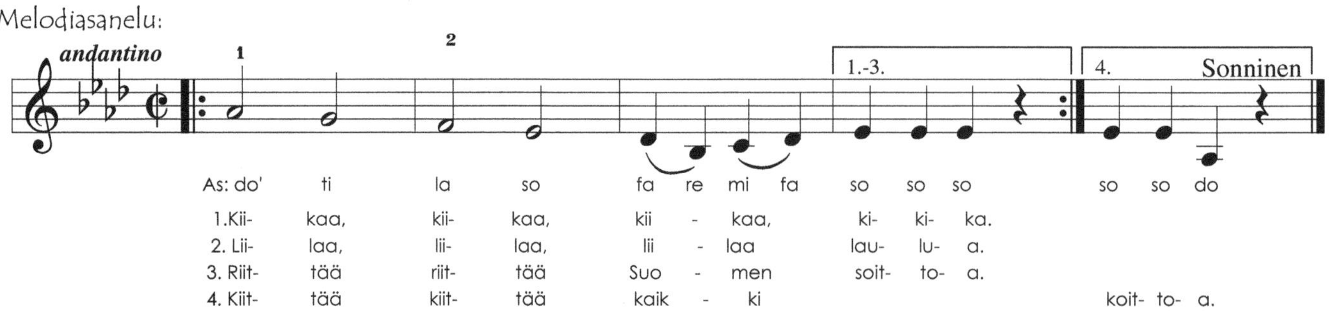

Teoria 2a

Vastaussivu nro 9

D = Dominantti (huippusointu)
S = Subdominantti (leposointu)
T = Toonika (perussointu)

ASTEET JA PÄÄFUNKTIOT DUURISSA:

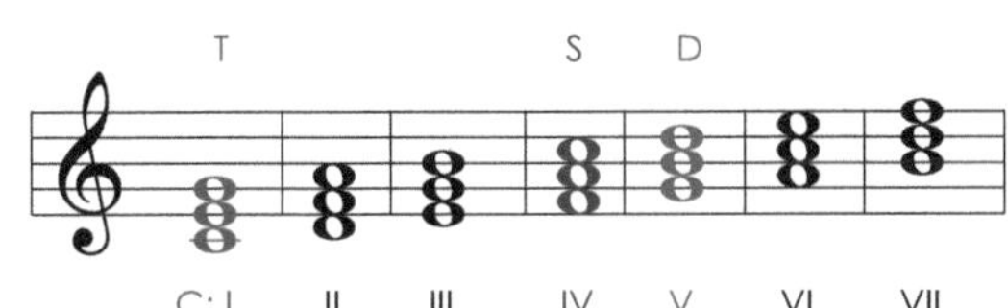

Kirjoita soinnut

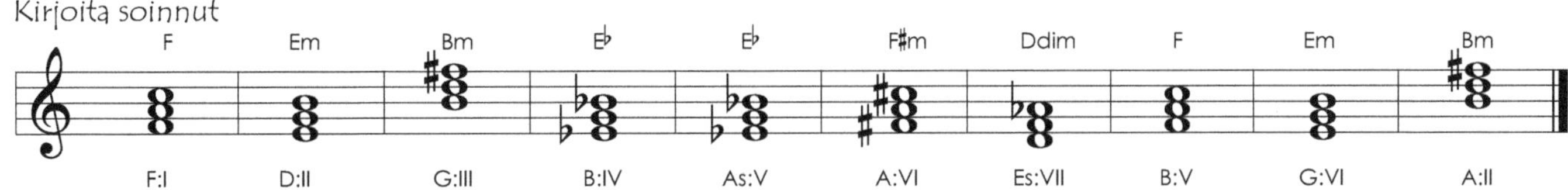

Tunnista nuotit

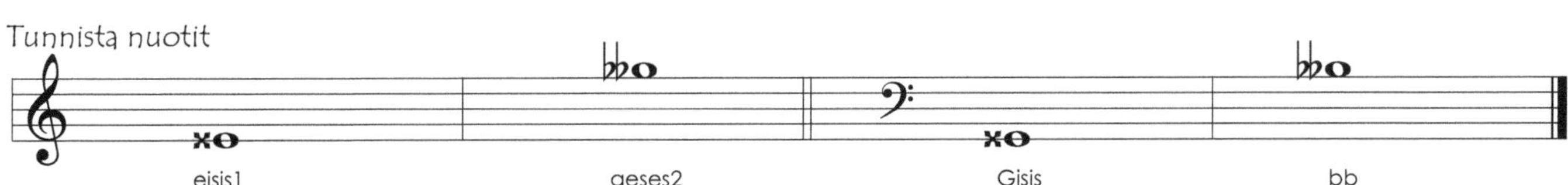

Vedä tahtiviivat

andantino non troppo

Kirjoita asteikot

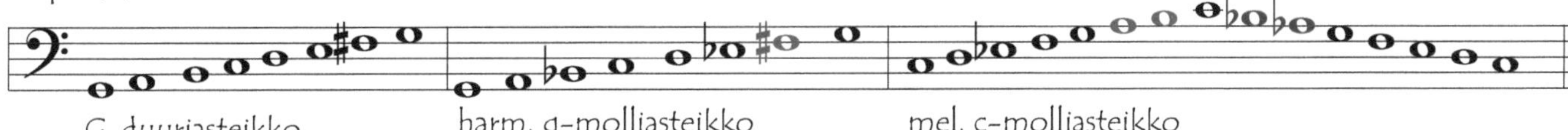

Tunnista asteikot

INTERVALLIT:

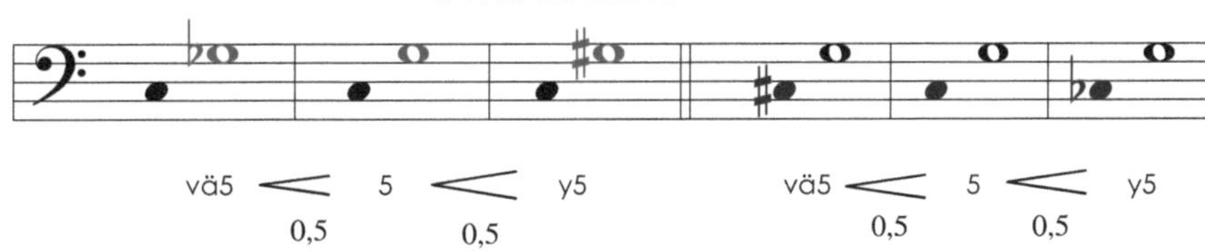

Kirjoita intervallit alaspäin

Tunnista intervallit

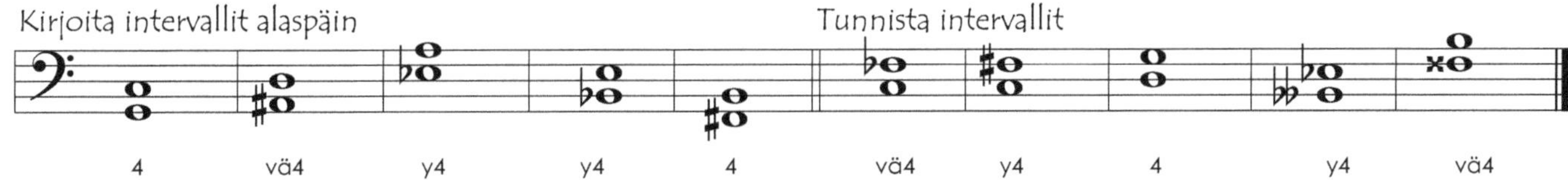

Musiikkisanat

andantino = keveästi, käyden
x = kaksois korotusmerkki (# #)
bb = kaksois alennusmerkki
non troppo = ei liikaa
transponointi = siirto toiseen sävellajin

Säveltapailu 2a

Vastaussivu nro 10

Rytmitapailu:

Rytmisanelu:

KOLMISOINNUT:

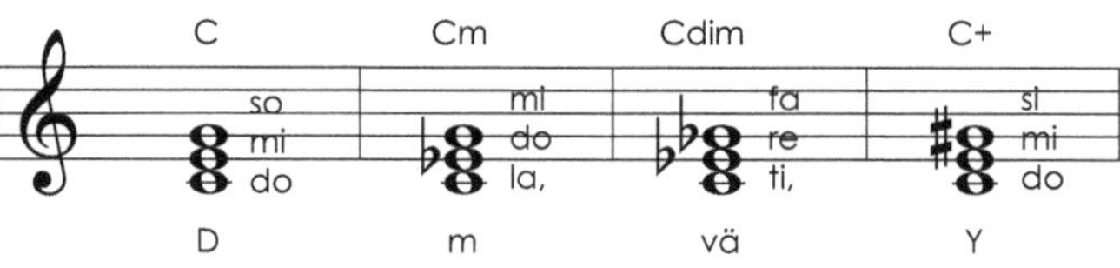

Tunnista soinnut:

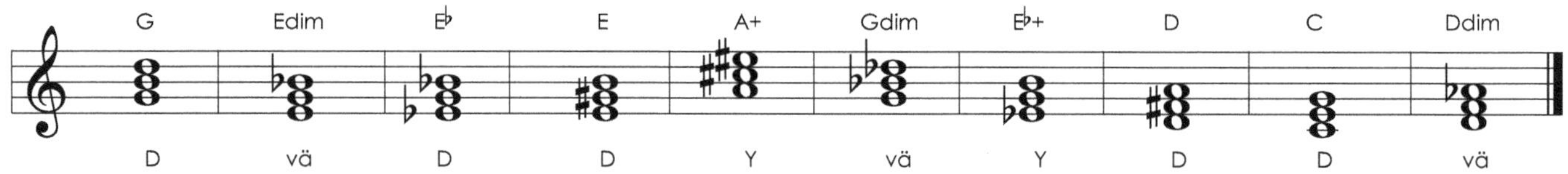

Melodiatapailu:

harmoninen f-molliasteikko

Transponoi p2 ylös:

Melodiasanelu:

Teoria 2a

Vastaussivu nro 10

D = Dominantti (huippusointu)
S = Subdominantti (leposointu)
T = Toonika (perussointu)

ASTEET JA PÄÄFUNKTIOT MOLLISSA:

Tunnista asteet

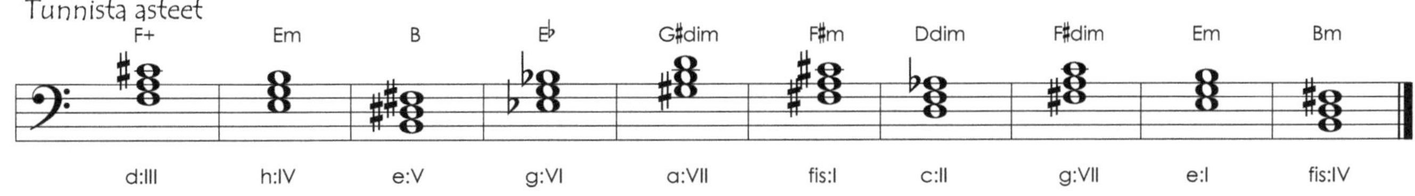

Tunnista asteikot

Kirjoita asteikot

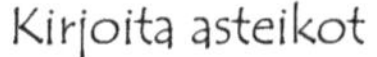

TRITONUS

Tunnista intervallit

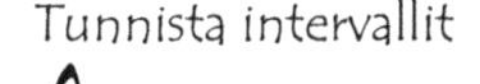
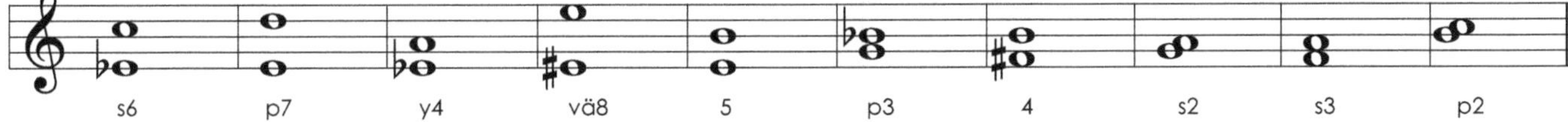

Tunnista soinnut

Tunnista nuotit

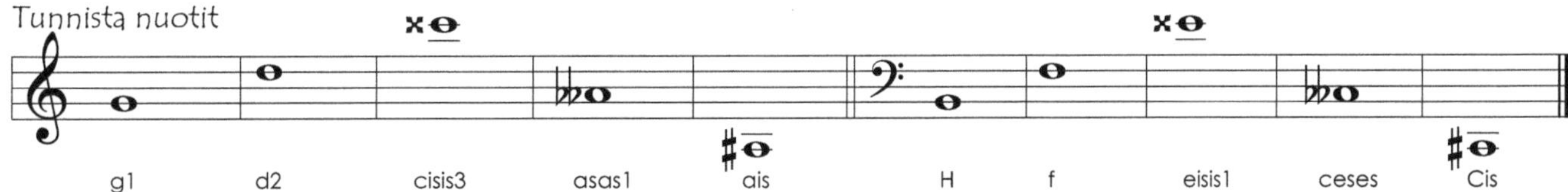

Musiikkisanat

risoluto = päättäväisesti
coda = päätös, loppu
dissonanssi = riitasointi
accelerando = kiihdyttäen
stringendo = kiihdyttäen
tritonus = kolme kokosävelaskelta

Musiikkiterminologia pt 2

1	a tempo	paluu alkuperäiseen tempoon
2	accelerando	kiihdyttäen
3	adagio	hitaasti
4	aksentti	isku, korostus
5	allegretto	nopeahkosti
6	allegro	nopeasti
7	amabile	viehättävästi
8	andante	käyden
9	andantino	keveästi käyden
10	assai	paljon, sangen, hyvin, erittäin
11	cantabile	laulavasti
12	crescendo	voimistuen
13	da Capo al Fine	alusta Fineen saakka
14	diminuendo	hiljentyen
15	dolce	suloisesti
16	dynamiikka	äänen voimakkuuden vaihtelu
17	F-avain	viittaa pieni f:een
18	fermaatti	pidäke
19	G-avain	viittaa g1:een
20	grave	raskaasti
21	intervalli	kahden sävelen välimatka
22	johtosävel	asteikon 7.sävel
23	kolmisointu	pohjasävel + terssi + kvintti
24	kromaattinen	puolisävelaskelissa nouseva/laskeva asteikko
25	largo	erittäin hitaasti
26	legato	sitoen
27	lento	hitaasti
28	maestoso	juhlallisesti
29	moderato	kohtuullisesti
30	molto	paljon, sangen, hyvin, erittäin
31	pianissimo	hyvin hiljaa
32	portato	artikulaatiotapa legaton ja staccaton välillä
33	prestissimo	erittäin nopeasti
34	presto	hyvin nopeasti
35	prima vista	ensi näkemältä
36	rallentando	hidastaen
37	rinnakkaissävellajit	duuri ja molli, joilla on sama etumerkintä
38	ritardando	hidastaen
39	ritenuto	viivytellen
40	staccato	lyhyesti
41	stringendo	kiihdyttäen
42	synkooppi	keskipitkä
43	tempo	esitysnopeus
44	vivace	eloisasti